**메시지** │ 사무엘상·하

KB203936

**THE MESSAGE: 1·2 Samuel**

Eugene H. Peterson

## 사무엘상·하

유진 피터슨

복 있는 사람

# 메시지 | 사무엘상·하

2020년 8월 14일 초판 1쇄 인쇄
2020년 8월 21일 초판 1쇄 발행

지은이 유진 피터슨
옮긴이 김순현 윤종석 이종태
감수자 김회권
펴낸이 박종현

도서출판 복 있는 사람
주소 서울특별시 마포구 연남동 246-21(성미산로23길 26-6)
전화 02-723-7183(편집), 7734(영업·마케팅) 팩스 02-723-7184
이메일 hismessage@naver.com
등록 1998년 1월 19일 제1-2280호

ISBN 978-89-6360-367-4 00230

이 도서의 국립중앙도서관 출판예정도서목록(CIP)은 서지정보유통지원시스템 홈페이지
(http://seoji.nl.go.kr)와 국가자료공동목록시스템(http://www.nl.go.kr/kolisnet)에서
이용하실 수 있습니다. (CIP 제어번호: 2020032380)

*THE MESSAGE: 1·2 Samuel*
by Eugene H. Peterson

『메시지』는 유진 피터슨의 MESSAGE 공식 한국어판입니다.
『메시지』 한국어판은 서평이나 비상업적인 목적인 경우 50절까지 인용할 수 있으나, 그 이상 인용하
거나 상업적인 목적인 경우 반드시 저작권자인 복 있는 사람 출판사의 서면 허가를 받아야 합니다.

# 차례

## 일러두기

- 유진 피터슨의 『메시지』 영어 원문을 번역하면서, 한국 교회의 실정과 환경을 고려하여 『메시지』 한글 번역본의 극히 일부분을 의역하거나 문장과 용어를 바꾸었다.
- 유진 피터슨은 『메시지』 영어 원문에서, 유일무이한 하나님의 인격적 이름을 주(LORD) 대신에 대문자 GOD로 번역했다. 따라서 『메시지』 한국어판은 많은 논의와 신학 감수를 거쳐, 원저자의 의도를 반영해 '주'(LORD) 대신에 강조체 '**하나님**'(GOD)으로 표기했다.
- 『메시지』 한국어판의 도량형(길이, 무게, 부피)은 『메시지』 영어 원문을 기초로 하여, 오늘날 우리나라에서 일반적으로 통용되는 단위로 환산해 표기했다.
- 지명, 인명은 대한성서공회에서 발행한 『개역개정』 『새번역』 성경의 원칙을 따랐다.

# 『메시지』를 읽는 독자에게

『메시지』에 독특한 점이 있다면, 현직 목사가 그 본문을 다듬었기 때문일 것이다. 나는 성경의 메시지를 내가 섬기는 사람들의 삶 속에 들여놓는 것을 내게 주어진 일차적 책임으로 받아들이고 성인 인생의 대부분을 살아왔다. 강단과 교단, 가정 성경공부와 산상수련회에서 그 일을 했고, 병원과 양로원에서 대화하면서, 주방에서 커피를 마시고 바닷가를 거닐면서 그 일을 했다. 『메시지』는 40년간의 목회 사역이라는 토양에서 자라난 열매다.

인간의 삶을 만들고 변화시키는 하나님의 말씀은, 내가 『메시지』 작업을 하는 동안 정말로 사람들의 삶을 만들고 변화시켰다. 우리 교회와 공동체라는 토양에 심겨진 말씀의 씨앗은, 싹을 틔우고 자라서 열매를 맺었다. 현재의 『메시지』를 작업할 무렵에는, 내가 수확기의 과수원을 누비며 무성한 가지에서 잘 영근 사과며 복숭아며 자두를 따고 있다는 기분이 들곤 했다. 놀랍게도 성경에는, 내가 목회하는 성도며 죄인인 사람들이 살아 낼 수 없는 말씀, 이 나라와 문화 속에서 진리로 확증되지 않는 말씀이 단 한 페이지도 없었다.

내가 처음부터 목사였던 것은 아니다. 원래 나는 교사의
길에 들어서서, 몇 년간 신학교에서 성경 원어인 히브리어
와 그리스어를 가르쳤다. 남은 평생을 교수와 학자로 가르
치고 집필하고 연구하며 살겠거니 생각했었다. 그러다 갑자
기 직업을 바꾸어 교회 목회를 맡게 되었다.

뛰어들고 보니, 교회는 전혀 다른 세계였다. 제일 먼저 눈
에 띈 차이는, 아무도 성경에 별로 관심이 없어 보인다는 점
이었다. 얼마 전까지만 해도, 사람들은 내게 돈을 내면서까
지 성경을 가르쳐 달라고 했는데 말이다. 내가 새로 섬기게
된 사람들 중 다수는, 사실 성경에 대해 아무것도 몰랐다.
성경을 읽은 적도 없었고, 배우려는 마음조차 없었다. 성경
을 몇 년씩 읽어 온 사람들도 많았지만, 그들에게 성경은 너
무 익숙해서 무미건조하고 진부한 말로 전락해 있었다. 그
들은 지루함을 느낀 나머지 성경을 제쳐 둔 상태였다. 그 양
쪽 사이에 있는 사람은 많지 않았다. 내가 가장 중요하게 여
긴 일은, 성경 말씀을 그 사람들의 머리와 가슴 속에 들여놓
아서, 성경의 메시지가 그들의 삶이 되게 하는 것이었다. 그
러나 거기에 관심을 갖는 사람은 거의 없었다. 신문과 잡지,
영화와 소설이 그들 입맛에 더 맞았다.

결국 나는, 바로 그 사람들에게 성경의 메시지를 듣게—
정말로 듣게—해주는 일을 내 평생의 본분으로 삼게 되었
다. 그것이야말로 확실히 나를 위해 예비된 일이었다.

나는 성경의 세계와 오늘의 세계라는 두 언어 세계에 살

고 있었다. 나는 언제나 그 두 세계가 같은 세계인 줄 알았다. 그러나 사람들은 그렇게 보지 않았다. 나는 어쩔 수 없이 "번역가"(당시에는 그런 표현을 쓰지 않았지만)가 되었다. 날마다 그 두 세계의 접경에 서서, 하나님이 우리를 창조하시고 구원하시고 치유하시고 복 주시고 심판하시고 다스리실 때 쓰시는 성경의 언어를, 우리가 잡담하고 이야기하고 길을 알려 주고 사업하고 노래 부르고 자녀에게 말할 때 쓰는 오늘의 언어로 옮긴 것이다.

그렇게 하는 동안, 성경의 원어—강력하고 생생한 히브리어와 그리스어—는 끊임없이 내 설교의 물밑에서 작용했다. 성경의 원어는 단어와 문장을 힘 있고 예리하게 해주고, 내가 섬기는 사람들의 상상력을 넓혀 주었다. 그래서 오늘의 언어 속에서 성경의 언어를 듣고, 성경의 언어 속에서 오늘의 언어를 들을 수 있게 해주었다.

나는 30년간 한 교회에서 그 일을 했다. 그러던 어느 날 (1990년 4월 30일이었다), 한 편집자가 내게 편지를 보내 왔다. 그동안 내가 목사로서 해온 일의 연장선에서 새로운 성경 번역본을 집필해 달라는 청탁의 편지였다. 나는 수락했다. 그 후 10년은 수확기였다. 그 열매가 바로 『메시지』다.

『메시지』는 읽는 성경이다. 기존의 탁월한 주석성경을 대체하기 위한 것이 아니다. 내 취지는 간단하다. (일찍이 우리 교회와 공동체에서도 그랬듯이) 성경이 충분히 읽을 수 있는 책이라는 사실을 모르는 사람들에게 성경을 읽게 해주고, 성경에 관심을 잃은 지 오래된 사람들에게 성경을 다시 읽게 해주는 것이다. 그렇다고 굳이 내용을 쉽게 하지는 않았다. 성경에는 이해하기 어려운 부분도 많이 있다. 그래서 『메시지』를 읽다 보면, 더 깊은 연구에 도움이 될 주석성경을 구하는 일이 조만간 중요하게 여겨질 것이다. 그때까지는, 일상을 살기 위해 읽으라. 읽으면서 이렇게 기도하라. "하나님, 말씀하신 대로 내게 이루어지기를 원합니다."

유진 피터슨

## 사무엘상·하 | 머리말

이 두 권 분량의 이야기 사무엘상하는 네 인물이 뼈대를 이
룬다. 바로 한나, 사무엘, 사울 그리고 다윗이다. 이 이야기
는 연대로 따지면 주전 1000년 어간의 일들인데, 이를 중심
으로 천여 년 전에는(주전 1800년경) 이스라엘의 조상 아브
라함이 부르심을 받았고, 천 년 후에는 예수 그리스도가 탄
생하게 된다.

　자기중심적인 우리의 인생경험은 하나님을 믿고 따른다
는 것의 의미를 이해하고 경험하기에는 너무도 좁다. 이 사
실을 깨닫는 순간, 이 네 인물이 보여주는 삶의 전형이 우리
에게 더없이 소중하게 다가온다. 왜냐하면 이들은 그야말로
너른 삶을 살았기 때문이다. 그들의 삶이 널찍했던 것은 광
대하신 하나님 안에 거했기 때문이다. 그들의 삶은 단순한
문화적 조건이나 심리적 구조의 산물로 설명할 수 없다. 그
들에게는 하나님이 바로 삶의 터전이었다.

　무엇보다 먼저 기억해야 할 것은, 이 이야기는 갤러리에
전시된 조각상처럼 일정한 거리를 두고 감상하며 찬탄하게
되는 모범적인 이야기가 아니라는 점이다. 그런 이야기는

도저히 그처럼 영광스럽거나 비극적인 삶을 우리가 살 수 없다는 생각을 다져 줄 뿐이다. 여기 이 이야기는 다르다. 이는 우리를 있는 그대로의 삶 속으로, 인생의 진상 속으로 깊이 들어가게 하는 이야기다. 이 이야기를 기도하며 읽어 내려가다 보면 서서히, 그러나 분명히 얻게 되는 바가 있다. 바로, 인생의 참 의미는 무엇보다 하나님과의 관계 속에 있다는 깨달음이다. 이 네 인물의 이야기들은 삶의 당위가 아니라 삶의 실제를 보여준다. 하나님께서 어떻게 우리의 일상과 있는 그대로의 현실을 재료로 삼아 우리 안에서, 또 세상 안에서 당신의 구원의 일을 해나가시는지 보여준다.

그렇다고 해서 이 이야기가 하나님의 이야기를 잔뜩 늘어놓은 것은 아니다. 여기에는 놀라우리만치 하나님에 대한 명시적 언급이 드물다. 여러 페이지에 걸쳐 하나님의 이름이 전혀 등장하지 않을 때도 있다. 그러나 펼쳐지는 이야기를 따라가다 보면, 각각의 사건에 줄거리와 결을 부여해 주고 있는 것이 다름 아니라, 그 사건 하나하나에 음으로 양으로 함께하시는 하나님의 현존이라는 사실을 깨닫게 된다. 서로 맞물려 돌아가는 이 이야기들은 우리 자신을 고스란히 '인간'으로 보도록, 다시 말해 감정과 생각과 상황 따위로 다 설명될 수 없는 존재임을 깨닫도록 우리의 인식을 훈련시킨다. 생물학적인 삶 이상의 삶을 찾는다면, 우리는 하나님과 관계해야 한다. 다른 길은 없다.

한나, 사무엘, 사울, 다윗의 삶에 비추어 자신의 삶을 '읽는' 법을 배울 때, 우리 모습을 긍정하고 자유를 누리는 반가운 결과가 따라온다. 하나님과 동행하는 사람으로 인정받고 받아들여지기 위해 미리 짜여 있는 도덕적·정신적·종교적 틀에 억지로 자신을 끼워 맞출 필요가 없다는 사실을 알게 된다. 우리는 있는 모습 그대로 받아들여지며, 그분의 이야기 안에서 각자의 자리를 부여받는다. 이는 결국 그분의 이야기이기 때문이다. 우리의 인생 이야기를 이끌어 가는 이는 우리 자신이 아니라 바로 하나님이시기 때문이다. 이러한 인식은 한나와 다윗의 기도에서도 드러난다.

한나는 다음과 같이 기도한다.

무엇이, 그 누가 **하나님**처럼 거룩할까.
우리 **하나님**처럼 높고 굳센 산이 있을까.
감히 뻐기지 마라.
잘났다고 떠들 생각 하지 마라!
**하나님**께서 사정을 다 아시며
그분께서 사태를 다 간파하고 계시니.

**하나님**께서 죽음을 내리시며 또 생명을 내리신다.
무덤까지 끌어내리시며, 또다시 일으키신다.
**하나님**께서 가난을 주시며 또 부를 주신다.
그분께서 낮추시며 또 높이신다.……
땅의 기초를 놓으신 분이 바로 **하나님**이시기 때문이다.

그분께서 반석 같은 토대 위에 당신의 일을 펼치셨다.
당신께 충실한 벗들은 그 걸음걸음을 지켜 주시지만,
악인들은 캄캄한 곳을 걷다가 넘어지게 놔두신다.
인생살이가 기력에 달린 것이 아니니!(삼상 2:2, 6-9)

또한 다윗은 다음과 같이 기도한다.

**하나님**은 내가 발 디딜 반석
내가 거하는 성채,
나를 구해 주시는 기사.
나, 높은 바위산 내 하나님께
죽기 살기로 달려가
그 병풍바위 뒤에 숨고
그 든든한 바위 속에 몸을 감춘다.
내 산꼭대기 피난처이신 그분께서
나를 무자비한 자들의 손에서 구해 주신다.

존귀한 찬송을 **하나님**께 부르며
나, 안전과 구원을 누린다.

조각난 내 삶을 다 맡겨 드렸더니,
**하나님**께서 온전하게 만들어 주셨다(삼하 22:2-4, 21).

사무엘 역시 그것을 분명히 인식하고, 다음과 같이 사울을
깨우치기 위해 노력한다.

> 하나님께서 원하시는 것이
> 보여주기 위한 공허한 제사 의식이겠습니까?
> 그분께서 원하시는 것은 그분의 말씀을 잘 듣는 것입니다!
> 중요한 것은 듣는 것이지,
> 거창한 종교 공연을 무대에 올리는 것이 아닙니다.
> 하나님의 명령을 행하지 않는 것은
> 이교에 빠져 놀아나는 것보다 훨씬 더 악한 일입니다.
> 하나님 앞에서 스스로 우쭐대는 것은
> 죽은 조상과 내통하는 것보다 훨씬 더 악한 일입니다.
> 왕께서 하나님의 명령을 거절했으니
> 그분께서도 왕의 왕권을 거절하실 것입니다(삼상 15:22-
> 23).

성경은 우리에게 어떤 도덕규범을 제시하며 "여기에 맞게
살라"거나, 어떤 교리 체계를 제시하며 "여기에 맞추어 사
고하라, 그러면 구원받을 것이다" 하고 말하지 않는다. 성
경은 그저 우리에게 한 이야기를 들려주며 이렇게 초대할
뿐이다. "이 안으로 들어오라. 이 이야기 속으로 들어와 살
아라. 이것이 인간의 삶이다. 한 인간으로 성숙해 간다는 것
은 바로 이런 것이다." 성경의 계시를 무엇인가를 얻어 낼

목적으로, 혹은 단조로운 삶을 다채롭게 할 목적으로 '이용'
하는 것은 일종의 폭력이다. 그런 태도는 일종의 '장식용' 영
성을 낳는다. 하나님을 장식물이나 보강재로 취급하는 것이
다. 사무엘서 이야기는 이를 허용하지 않는다. 이 이야기를
읽고 읽는 바에 따라 살아가다 보면, 우리 이야기 속에 하나
님이 계신 것이 아니라 하나님의 이야기 속에 우리 이야기
가 들어 있음을 깨닫게 된다. 우리의 이야기들을 한데 아우
르는 거대한 맥락과 플롯으로서의 하나님을 발견하게 된다.

이러한 읽기는 당연히 기도와 함께 진행될 수밖에 없다.
하나님께 귀 기울이고 하나님께 응답하는 읽기 말이다. 무
엇보다도 이 이야기는 한나의 기도(삼상 2장)로 시작하여 다
윗의 기도(삼하 22-23장)로 끝나는, 기도로 짜여 있는 책이
기 때문이다.

# 사무엘상

하나님께 마음을 쏟아 놓는 한나

# 1

1-2 라마다임에 한 사람이 살고 있었다. 그는 에브라임 산지의 숩이라 하는 오래된 가문의 후손으로, 이름은 엘가나였다(그는 아버지 여호람, 할아버지 엘리후, 증조부 도후를 통해 에브라임 숩 가문의 혈통을 이어받았다). 그에게 두 아내가 있었는데, 첫째는 한나였고 둘째는 브닌나였다. 브닌나에게는 자녀가 있었으나 한나에게는 없었다.

3-7 이 사람은 해마다 자기가 사는 성읍에서 실로로 올라가 만군의 **하나님**께 예배하고 제사를 드렸다. 엘리와 그의 두 아들 홉니와 비느하스가 그곳에서 **하나님**의 제사장으로 섬기고 있었다. 엘가나는 제사를 드릴 때마다 아내 브닌나와 그녀의 모든 자녀에게 제사 음식을 한 몫씩 나누어 주었는

데, 한나에게는 언제나 특별히 더 후한 몫을 주었다. 그것
은 그가 한나를 지극히 사랑했기 때문이며, 또한 **하나님께**
서 한나에게 자녀를 주지 않으셨기 때문이다. 그러나 한나
의 경쟁 상대인 브닌나는 한나를 모질게 조롱하고 아픈 곳
을 건드려, **하나님께서** 그녀에게 자녀를 주지 않으신 것을
계속 의식하게 했다. 그런 일이 해마다 되풀이되었다. 하나
님의 성소에 갈 때마다 한나는 으레 모욕당할 줄을 알았다.
한나는 끝내 눈물을 흘리며 아무것도 먹지 않았다.

⁸ 남편 엘가나가 말했다. "한나여, 왜 울기만 하고 아무것도
먹지 않는 거요? 어찌하여 그토록 마음이 상한 거요? 내가
당신에게 열 아들보다도 낫지 않소?"

⁹⁻¹¹ 한나는 음식을 먹고 기운을 차린 뒤에, 조용히 그곳을
빠져나와 성소에 들어갔다. 제사장 엘리가 **하나님의** 성전
입구의 늘 앉는 자리에 앉아서 직무를 보고 있었다. 슬픔에
잠긴 한나는, 괴로운 마음에 **하나님께** 기도하며 울고 또 울
었다. 한나가 서원하며 아뢰었다.


만군의 **하나님**,
저의 괴로움을 깊이 살피시는 하나님,
저를 외면치 마시고 저를 위해 일하셔서
저에게 아들을 주시면,
제가 그 아이를 아끼지 않고 온전히 주님께 바치겠습니다.
거룩한 순종의 삶을 살도록 그 아이를 구별해 드리겠습니다.

12-14 한나가 **하나님** 앞에서 계속 기도하는 동안, 엘리는 그녀를 유심히 보고 있었다. 한나가 마음속으로 기도하고 있었으므로, 입술만 움직일 뿐 소리는 들리지 않았다. 엘리는 한나가 술에 취했다고 단정하고 그녀에게 다가가 말했다. "술에 취했구먼! 언제까지 이러고 있을 셈이요? 정신 차리시오!"

15-16 한나가 말했다. "그렇지 않습니다, 제사장님! 술을 마신 것이 아니라 제 처지가 너무 슬퍼서 그렇습니다. 술이라곤 한 방울도 입에 대지 않았습니다. 그저 제 마음을 **하나님**께 쏟아 놓았을 뿐입니다. 저를 나쁜 여자로 여기지 마십시오. 너무나 불행하고 고통스러워 이제껏 이러고 있었습니다."

17 엘리가 대답했다. "평안히 가시오. 이스라엘의 하나님께서 그대가 구한 것을 들어주실 것이오."

18 "저를 좋게 여기셔서, 저를 위해 기도해 주십시오!" 한나는 그렇게 말하고 돌아가서 환한 얼굴로 음식을 먹었다.

19 엘가나 일행은 동트기 전에 일어나 **하나님**을 예배하고, 라마에 있는 집으로 돌아갔다. 엘가나가 아내 한나와 잠자리를 같이하니, **하나님**께서 한나의 간구를 들어주시기 위해 필요한 일들을 시작하셨다.

### 사무엘을 하나님께 바치다

20 그해가 지나기 전에, 한나가 임신하여 아들을 낳았다. 한나는 "내가 **하나님**께 이 아들을 구했다"는 뜻으로, 아이의

이름을 사무엘이라고 했다.

21-22 이듬해에 엘가나가 **하나님**을 예배하여 제사를 드리고 자신의 서원을 지키려고 가족을 데리고 실로로 갈 때, 한나는 함께 가지 않았다. 한나는 남편에게 말했다. "아이가 젖을 떼고 나면, 내가 직접 아이를 데리고 가서 **하나님** 앞에 바치겠습니다. 아이가 그곳에 평생 머물게 하겠습니다."

23-24 엘가나가 아내에게 말했다. "당신 생각대로 하시오. 아이가 젖을 뗄 때까지 집에 있으시오! **하나님**께서 시작하신 일을 그분께서 이루시기를 진심으로 바라오!"

한나는 아이가 젖을 뗄 때까지 집에 있으면서 아이를 길렀다. 그 후 그녀는 아이를 데리고 실로로 가면서, 제사 음식 재료로 가장 좋은 소 한 마리와 밀가루와 포도주를 풍성하게 마련하여 가져갔다. 그러나 홀로 떼어 놓기에는 아이가 너무 어렸다!

25-28 그들은 먼저 소를 잡은 다음, 아이를 엘리에게 데려갔다. 한나가 말했다. "제사장님, 제가 제사장님 앞 바로 이 자리에 서서 **하나님**께 기도하던 그 여자라면 믿으시겠습니까? 제가 이 아이를 구하며 기도했는데, **하나님**께서 제가 간구한 것을 이루어 주셨습니다. 이제 이 아이를 **하나님**께 바치겠습니다. 이 아이는 평생 **하나님**의 사람으로 살아갈 것입니다."

그런 다음에, 그들은 거기서 **하나님**을 예배했다.

# 2

¹ 한나가 기도했다.

나, **하나님** 소식에 가슴이 터질 듯합니다!
하늘을 나는 듯합니다.
나의 원수들, 이제 내게 웃음거리일 뿐.
나는 나의 구원을 노래하며 춤추렵니다.


²⁻⁵ 무엇이, 그 누가 **하나님**처럼 거룩할까.
우리 하나님처럼 높고 굳센 산이 있을까.
감히 뻐기지 마라.
잘났다고 떠들 생각 하지 마라!
**하나님**께서 사정을 다 아시며
그분께서 사태를 다 간파하고 계시니.
강자들의 무기는 다 바수어지나
약자들에게는 새 힘이 부어진다.
잘 먹고 잘 살던 자들은 길거리에 나앉아 찬밥을 구걸하나
배고팠던 이들은 상다리가 휘어져라 푸짐한 밥상을 받는다.
아이 못 낳던 여인의 집이 아이들로 바글바글하고
자식 많던 여인 곁에는 지금 아무도 없다.


⁶⁻¹⁰ **하나님**께서 죽음을 내리시며 또 생명을 내리신다.
무덤까지 끌어내리시며, 또다시 일으키신다.
**하나님**께서 가난을 주시며 또 부를 주신다.

그분께서 낮추시며 또 높이신다.
그분께서 궁핍한 이들을 다시 일으켜 세우신다.
지친 인생들에게 새 희망을 주시고
인생의 품위와 존엄을 회복시켜 주시며
그들을 빛나는 자리에 앉히신다!
땅의 기초를 놓으신 분이 바로 **하나님**이시기 때문이다.
그분께서 반석 같은 토대 위에 당신의 일을 펼치셨다.
당신께 충실한 벗들은 그 걸음걸음을 지켜 주시지만,
악인들은 캄캄한 곳을 걷다가 넘어지게 놔두신다.
인생살이가 기력에 달린 것이 아니니!
**하나님**의 원수들은 벼락을 맞고 결딴나리라.
그을린 파편들이 산을 이루리라.
**하나님**께서 온 땅의 만사를 바로잡아 주시리라.
당신의 왕에게 힘을 주시며,
당신의 기름부음 받은 이를 세상의 꼭대기에 우뚝 세우시
리라!

¹¹ 엘가나는 라마에 있는 집으로 돌아갔다. 아이는 남아 제
사장 엘리의 곁에서 **하나님**을 섬겼다.

**하나님을 섬기는 사무엘**

¹²⁻¹⁷ 엘리의 아들들은 행실이 나**빴**다. 그들은 **하나님**을 몰랐
고, 백성 앞에서 제사장이 지켜야 할 관례 같은 것에는 관심

도 없었다. 보통은 어떤 사람이 제물을 바치면, 제사장의 종
이 와서 고기를 삶고 있는 솥 안에 세 살 갈고리를 넣어 무
엇이든 갈고리에 걸려 나오는 것을 제사장의 몫으로 가져갔
다. 그런데 엘리의 아들들이 **하나님께** 제사를 드리러 실로에
오는 이스라엘 모든 사람을 대하는 방식은 달랐다. 사람들이
**하나님께** 지방을 태워 드리기도 전에, 제사장의 종이 끼어들
어 "그 고기 얼마를 제사장님이 구워 먹게 내놓으시오. 제사
장께서는 삶은 고기보다 덜 익힌 고기를 좋아하오" 하고 말
했다. 제사 드리던 사람이 "먼저 하나님 몫의 지방부터 태우
고 나서 당신 마음대로 가져가시오" 하면, 종은 "아니오, 지
금 내놓으시오. 당신이 내놓지 않으면 내가 **빼앗겠소**" 하고
요구했다. 이 젊은 종들은 하나님 앞에서 무서운 죄를 짓고
있었다! **하나님께** 드리는 거룩한 제물을 더럽힌 것이다.

18-20 이 모든 일이 일어나는 중에도, 사무엘은 모시로 만든
제사장 옷을 입고 **하나님**을 섬겼다. 해마다 그의 어머니는
남편과 함께 제사를 드리러 올 때마다 아이의 몸에 맞게 작
은 겉옷을 지어서 가져왔다. 엘리는 엘가나와 그의 아내에게
"이 아이를 **하나님께** 바쳤으니, **하나님께서** 두 분 사이에 이
아이를 대신할 자녀를 주시기를 바랍니다" 하고 복을 빌어 주
었고, 부부는 이렇게 축복을 받고서 집으로 돌아가곤 했다.

21 **하나님께서** 특별한 은혜를 베풀어 주셔서, 한나는 아들
셋과 딸 둘을 더 낳았다! 어린 사무엘은 성소에 있으면서 **하
나님**과 함께 자라갔다.

**엘리가 심히 근심하다**

22-25 엘리는 나이가 아주 많이 들었다. 그는 자기 아들들이 백성을 갈취하고 또 성소에서 돕는 여자들과 동침하고 있다는 소문을 들었다. 엘리는 아들들을 꾸짖었다. "이것이 도대체 어찌된 일이냐? 너희가 어찌하여 이런 일들을 벌이고 있느냐? 너희의 부패하고 악한 행실에 대한 이야기가 좀체 끊이지 않는구나. 내 아들아, 이것은 옳지 않다! 내가 듣는 이 끔찍한 소문이 **하나님**의 백성 사이로 퍼져 나가고 있다! 너희가 사람에게 죄를 지으면 하나님의 도우심을 받을 수 있지만, **하나님**께 죄를 지으면 누가 너희를 도울 수 있겠느냐?"

25-26 하지만 이미 불순종이 몸에 밴 아들들은 아버지의 말을 조금도 귀담아듣지 않았다. **하나님**께서는 더는 참지 못하시고 그들을 죽이기로 결정하셨다! 그러나 어린 사무엘은 자라면서 **하나님**의 복과 사람들의 사랑을 듬뿍 받았다.

27-30 거룩한 사람이 엘리에게 와서 말했다. "이것은 **하나님**의 메시지입니다. '너희 조상이 이집트에서 바로의 종으로 있을 때 내가 그들에게 나를 분명히 나타냈다. 내가 이스라엘의 모든 지파 가운데서 너희 집안을 나의 제사장으로 선택하여, 제단에서 섬기고 향을 피우고 내 앞에서 제사장 옷을 입게 했다. 내가 네 조상의 집안에 이스라엘의 모든 희생 제물을 맡겼다. 그런데 어찌하여 너는 예배를 위해 명령한 희생 제물을 한낱 전리품처럼 취급하느냐? 어찌하여 나

보다 네 아들들을 더 위하고 그들이 이 제물로 살을 찌우고 나를 무시하도록 내버려두느냐? 그러므로—이것은 **하나님**의 말씀이다. 이스라엘의 하나님께서 말씀하신다—전에 내가 너와 네 조상 집안이 영원히 내 제사장이 되리라고 했으나, 이제는—명심하여라, **하나님**의 말씀이다!—더 이상 그러지 않을 것이다.

나는 나를 귀히 여기는 자를 귀히 여기고
나를 우습게 여기는 자를 수치스럽게 할 것이다.

31-36 경고를 잘 들어라. 머지않아 내가 네 집안뿐 아니라 네 후손의 집안까지 다 없애 버릴 것이다. 네 집안에서 노년까지 살 자가 아무도 없을 것이다! 너는 내가 이스라엘에 행하는 선한 일들을 보겠으나, 그것을 보고서 울 것이다. 네 집안에서 살아남아 그것을 누릴 자가 아무도 없을 것이기 때문이다. 내가 한 사람을 남겨 두어 나의 제단에서 섬기게 하겠으나, 눈물로 얼룩진 고단한 삶이 될 것이다. 네 집안 사람들은 모두 자기 수를 다 누리지 못하고 죽을 것이다. 네 두 아들 홉니와 비느하스에게 벌어질 일이 그 증거가 될 텐데, 그 둘은 한날에 죽을 것이다. 그 후에 내가 나를 위해 참된 제사장을 세울 것이다. 그는 내가 원하는 일을 하고 내가 원하는 사람이 될 것이다. 나는 그의 지위를 견고히 할 것이고, 그는 맡은 일을 기꺼이 감당하여 내 기름부음 받은 자를

섬길 것이다. 네 집안의 살아남은 자들이 그에게 와서 "입에 풀칠할 정도면 괜찮으니 제사장 일을 하게 해주십시오" 하며 구걸하게 될 것이다.'"

### 어린 사무엘을 부르시는 하나님

**3** <sup>1-3</sup> 어린 사무엘은 엘리의 지도를 받으며 **하나님**을 섬기고 있었다. 그때는 **하나님**의 계시가 아주 드물거나 거의 나타나지 않던 때였다. 어느 날 밤 엘리는 곤히 잠들었다(그는 시력이 아주 나빠서 거의 앞을 보지 못했다). 이른 새벽 날이 밝기 전 성소에 등불이 켜져 있을 때에, 사무엘은 하나님의 궤가 있는 **하나님**의 성전에서 자고 있었다.

<sup>4-5</sup> 그때 **하나님**께서 "사무엘아, 사무엘아!" 하고 부르셨다. 사무엘이 대답했다. "예, 제가 여기 있습니다." 그는 엘리에게 달려가 말했다. "부르셨는지요? 제가 여기 있습니다." 엘리가 말했다. "나는 너를 부르지 않았다. 돌아가서 자거라." 사무엘은 돌아와 자리에 누웠다.

<sup>6-7</sup> **하나님**께서 다시 "사무엘아, 사무엘아!" 하고 부르셨다. 사무엘이 일어나 엘리에게 갔다. "부르셨는지요? 제가 여기 있습니다."

다시 엘리가 말했다. "아들아, 나는 너를 부르지 않았다. 돌아가서 자거라." (이 모든 일은 사무엘이 **하나님**을 직접 알기 전에 있었던 일이다. **하나님**의 계시가 그에게 직접 임하기 전이었다.)

<sup>8-9</sup> **하나님**께서 다시 "사무엘아!" 하고 세 번째로 부르셨다!

이번에도 사무엘은 일어나 엘리에게 갔다. "부르셨는지요? 제가 여기 있습니다."

그제야 엘리는 **하나님**께서 그 아이를 부르고 계심을 깨닫고, 사무엘에게 이렇게 지시했다. "돌아가서 누워라. 그 음성이 다시 들리거든 '말씀하십시오, **하나님**. 주님의 종이 들을 준비가 되었습니다' 하고 아뢰어라." 사무엘은 잠자리로 돌아갔다.

¹⁰ 그 후에 **하나님**이 오셔서, 사무엘 앞에서 조금 전과 같이 "사무엘아, 사무엘아!" 하고 부르셨다.

사무엘이 대답했다. "말씀하십시오. 주님의 종이 들을 준비가 되었습니다."

¹¹⁻¹⁴ **하나님**께서 사무엘에게 말씀하셨다. "잘 들어라. 내가 모든 사람을 흔들어 깨워 주목하게 할 일을 지금 이스라엘에 행하려고 한다. 내가 엘리에게 경고했던 모든 일을 하나도 빠짐없이 그의 집안에 행할 때가 왔다. 때가 되었으니 내가 그에게 알릴 것이다. 내가 그의 집안에 영원히 심판을 내릴 것이다. 그는 자기 아들들이 하나님의 이름과 하나님의 처소를 더럽히고 있는 것을 알면서도, 그들을 막기 위해서 어떤 일도 하지 않았다. 내가 엘리 집안에 내리는 선고는 이것이다. 엘리 집안의 죄악은 제사나 제물로 절대 씻지 못할 것이다."

¹⁵ 사무엘은 아침까지 잠자리에 머물러 있다가 일찍 일어나, 성소의 문을 열고 직무를 보러 갔다. 그러나 사무엘은 자신

이 보고 들은 환상을 엘리에게 알리는 것이 두려웠다.

¹⁶ 엘리가 사무엘을 불렀다. "내 아들, 사무엘아!"

사무엘이 달려왔다. "예, 부르셨습니까?"

¹⁷ "그분께서 무슨 말씀을 하셨느냐? 나에게 모두 말하여라. 하나님께서 네 재판장이시니, 한 마디도 감추거나 얼버무려서는 안된다! 그분께서 네게 하신 모든 말씀을 다 듣고 싶구나."

¹⁸ 사무엘은 그에게 하나도 숨기지 않고, 그대로 말했다.

엘리가 말했다. "그분은 **하나님**이시다. 무엇이든 그분께서 가장 좋다고 여기시는 대로 행하실 것이다."

¹⁹⁻²¹ 사무엘이 자라는 동안 **하나님**이 그와 함께 계셔서, 사무엘의 예언이 하나도 땅에 떨어지지 않았다. 북쪽으로 단에서부터 남쪽으로 브엘세바까지, 이스라엘의 모든 사람이 사무엘이 **하나님**의 참 예언자임을 알게 되었다. **하나님**께서는 계속하여 실로에 나타나셨고, 거기서 말씀을 통해 사무엘에게 자신을 계시하셨다.

**하나님의 언약궤를 빼앗기다**

**4** ¹⁻³ 사무엘이 하는 모든 말이 온 이스라엘에 전해졌다. 이스라엘은 블레셋 사람과 싸우러 나갔다. 이스라엘은 에벤에셀에 진을 치고 블레셋 사람은 아벡에 진을 쳤다. 블레셋 사람이 전투대형으로 진격하여 이스라엘을 치

자, 이스라엘은 크게 패하여 군사 사천 명 정도가 들판에서
죽었다. 군대가 진으로 돌아오자, 이스라엘의 장로들이 말
했다. "하나님께서 오늘 우리를 블레셋 사람에게 패하게 하
신 까닭이 무엇이겠습니까? 실로에 가서 **하나님**의 언약궤
를 가져옵시다. 언약궤가 우리와 함께 가면 우리를 적의 손
에서 구해 줄 것입니다."

4 그래서 군대가 실로에 전갈을 보냈다. 사람들이 그룹 사이
에 앉아 계신 만군의 **하나님**의 언약궤를 가져왔다. 하나님
의 언약궤를 가져올 때에, 엘리의 두 아들 홉니와 비느하스
도 함께 왔다.

5-6 **하나님**의 언약궤가 진에 들어오자, 모두가 환호성을 질
렀다. 그 함성은 땅을 뒤흔드는 천둥소리 같았다. 블레셋 사
람은 환호하는 소리를 듣고 무슨 일인지 궁금했다. "도대체
히브리 사람들이 왜 저리 함성을 내지르지?"

6-9 그러다가 그들은 **하나님**의 궤가 히브리 진에 들어온 것
을 알았다. 블레셋 사람은 두려웠다. "이스라엘의 진에 그
들의 신이 들어갔다! 여태까지 이런 일은 한 번도 없었다.
이제 우리는 끝장이다! 이 강력한 신의 손에서 누가 우리를
구원할 수 있겠는가? 이 신은 저 광야에서 온갖 재앙으로
이집트 사람들을 친 바로 그 신이다. 블레셋 사람아, 일어
나라! 용기를 내어라! 히브리 사람들이 우리의 종이 되었던
것처럼 이제 우리가 그들의 종이 되게 생겼다. 너희의 근성
을 보여주어라! 목숨을 걸고 싸워라!"

10-11 그들은 죽을 각오로 싸웠다! 결국 큰 승리를 거두었다. 그들이 이스라엘을 무참히 쳐부수었고 이스라엘은 필사적으로 도망쳤다. 이스라엘 군사 삼만 명이 죽었다. 그것으로도 모자라, 하나님의 궤마저 빼앗기고 엘리의 두 아들 홉니와 비느하스도 죽었다.

**이스라엘에서 영광이 떠나다**

12-16 곧바로 베냐민 사람 하나가 전쟁터에서 빠져나와 실로에 이르렀다. 웃옷은 찢어지고 얼굴은 흙투성이가 된 채로 그가 성읍에 들어섰다. 엘리는 하나님의 궤가 몹시 걱정이 되어서 길 옆 의자에 앉아 꼼짝 않고 있었다. 그 사람이 곧장 성읍으로 달려와 슬픈 소식을 전하자, 모두가 슬피 울며 크게 두려워했다. 엘리가 울부짖는 소리를 듣고 물었다. "어찌 이리 소란스러운가?" 그 사람이 급히 다가와서 보고했다. 엘리는 그때 아흔여덟이었고 앞을 보지 못했다. 그 사람이 엘리에게 말했다. "제가 방금 전쟁터에서 왔는데, 겨우 목숨을 건졌습니다."

엘리가 말했다. "그래 내 아들아, 어떻게 되었느냐?"

17 그 사람이 대답했다. "이스라엘이 블레셋 사람 앞에서 뿔뿔이 흩어졌습니다. 엄청난 피해를 입은 참패입니다. 제사장님의 아들 홉니와 비느하스도 전사했고, 하나님의 궤도 빼앗겼습니다."

18 '하나님의 궤'라는 말을 듣는 순간, 엘리는 앉아 있던 문

옆의 의자에서 뒤로 넘어졌다. 노인인 데다 아주 뚱뚱했던 엘리는, 넘어지면서 목이 부러져 죽었다. 그는 사십 년 동안 이스라엘을 이끌었다.

19-20 엘리의 며느리인 비느하스의 임신한 아내가 곧 해산하려던 참이었다. 하나님의 궤를 빼앗기고 시아버지와 남편마저 죽었다는 말을 들은 뒤에, 그녀는 아이를 낳기 위해 무릎을 구부린 채 심한 진통에 들어갔다. 산모가 죽어가는데, 산파가 "두려워하지 마세요. 아들을 낳았습니다!" 하고 말했다. 그러나 산모는 그 말에 아무 반응도 보이지 않았다.

21-22 하나님의 궤를 빼앗기고 시아버지와 남편이 죽었으므로, 그녀는 "하나님의 궤를 빼앗겼으니 이스라엘에서 하나님의 영광이 떠났다" 하며 아이의 이름을 이가봇(영광이 사라졌다)이라고 했다.

**블레셋 사람에게 빼앗긴 하나님의 궤**

# 5

1-2 하나님의 궤를 빼앗은 블레셋 사람은 그 궤를 에벤에셀에서 아스돗으로 옮긴 다음, 다곤 신전 안으로 가지고 들어가 다곤 상 옆에 나란히 놓았다.

3-5 이튿날 아침 아스돗 주민들이 일어났다가, 다곤이 하나님의 궤 앞에 얼굴을 쳐박고 바닥에 쓰러져 있는 것을 보고 깜짝 놀랐다. 그들은 다곤을 일으켜 다시 제자리에 두었다. 그 이튿날 아침에 그들이 일어나자마자 가 보니, 다곤이 다

시 하나님의 궤 앞에 얼굴을 처박고 바닥에 쓰러져 있었다. 다곤의 머리와 두 팔은 부러져 입구에 널브러져 있었고, 몸통만 남아 있었다. (그래서 다곤의 제사장과 아스돗에 있는 다곤 신전을 방문하는 사람들은 지금도 문지방을 밟지 않는다.)

⁶ 하나님께서 아스돗 주민들을 엄히 다루셨다. 종양으로 그들을 쳐서 그 지역을 황폐하게 만드셨다. 성읍과 그 주변 지역도 마찬가지였다. 또한 그들 사이에 쥐를 풀어 놓으셨다. 쥐들이 그곳에 있는 배들에서 뛰쳐나와 온 성읍에 우글거렸다! 모든 사람이 두려움에 휩싸였다.

⁷⁻⁸ 아스돗의 지도자들이 그 광경을 보고 결정을 내렸다. "이스라엘 신의 궤를 떠나 보내야 합니다. 이 물건은 우리가 감당할 수 없고 우리의 신 다곤도 감당할 수 없습니다." 그들은 블레셋 지도자들을 모두 불러 놓고 물었다. "어떻게 하면 우리가 이스라엘 신의 궤를 치울 수 있겠소?"

지도자들의 뜻이 일치했다. "그 궤를 가드로 옮기시오." 그래서 그들은 이스라엘 하나님의 궤를 가드로 옮겼다.

⁹ 그러나 하나님의 궤를 가드로 옮기자마자, 하나님께서 그 성읍도 무섭게 내리치셨다. 성읍 전체가 큰 혼란에 빠졌다! 하나님께서 종양으로 그들을 치신 것이다. 어른 아이 할 것 없이 성읍 모든 사람에게 종양이 생겼다.

¹⁰⁻¹² 그래서 그들은 하나님의 궤를 에그론으로 보냈다. 그러나 궤가 성읍으로 들어오려고 하자, 그곳 백성이 소리쳐 항의했다. "이스라엘 하나님의 궤를 이리로 가져오다니, 우리

를 다 죽일 셈이요!" 그들은 블레셋의 지도자들을 불러 모
아 이렇게 요구했다. "이스라엘 하나님의 궤를 여기서 가지
고 나가서, 왔던 곳으로 돌려보내시오. 이러다 우리 모두 죽
겠소!" 하나님의 궤가 나타나자 모두가 심한 두려움에 사로
잡혔다. 그러나 하나님께서는 이미 그곳을 무섭게 내리치셨
다. 죽지 않은 사람은 종양으로 치셨다. 온 성읍이 내지르는
고통과 비탄의 부르짖음이 하늘에 사무쳤다.

### 하나님의 궤가 돌아오다

**6** ¹⁻² **하나님**의 궤가 블레셋 사람 가운데 있은 지 일곱
달이 되자, 블레셋의 지도자들이 종교전문가와 제사
장과 초자연 현상의 전문가들을 한데 불러서 의견을 구했
다. "어떻게 해야 사태를 더 이상 악화시키지 않고 이 **하나**
**님**의 궤를 치워 버릴 수 있겠소? 방법을 말해 보시오!"
³ 그들이 말했다. "이스라엘의 하나님의 궤를 돌려보내려
면, 그들에게 그냥 던져 주기만 하면 되는 것이 아니라 보상
을 해야 합니다. 그러면 여러분의 병이 나을 것입니다. 여러
분이 다시 깨끗해지고 나면, 여러분을 향한 하나님의 태도
도 누그러지실 것입니다. 어찌 그러지 않으시겠습니까?"
⁴⁻⁶ "정확하게 무엇이면 충분한 보상이 되겠소?"
그들이 대답했다. "블레셋 지도자들의 수에 맞추어 금종양
다섯 개와 금쥐 다섯 개로 하십시오. 지도자와 백성 할 것
없이 모두가 똑같이 재앙을 당했으니, 이 땅을 휩쓸고 있는

종양과 쥐 모양을 만들고 그것들을 제물로 바쳐 이스라엘의
하나님께 영광을 돌리십시오. 그러면 혹시 그분의 마음이
누그러져 여러분과 여러분의 신들과 여러분의 땅을 향한 노
여움이 가라앉을지 모릅니다. 이집트 사람과 바로처럼 고집
을 부릴 까닭이 무엇입니까? 하나님께서는 그들을 향해 공
격을 멈추지 않다가, 결국 그들이 그분의 백성을 내보내고
나서야 누그러지셨습니다.

7-9 그러니 이렇게 하십시오. 새 수레와 멍에를 메어 본 적이
없는 암소 두 마리를 가져다가, 암소들은 수레에 메우고 그
송아지들은 우리로 돌려보내십시오. **하나님**의 궤를 수레에
싣고, 여러분이 보상으로 드리는 금종양과 금쥐를 자루에
잘 담아 궤 옆에 두십시오. 그런 다음 수레를 떠나보내고 잘
지켜보십시오. 만일 궤가 왔던 길을 되짚어 곧장 벳세메스
길로 향하면, 이 재앙은 신의 심판임이 분명합니다. 그렇지
않으면, 이 일은 하나님과 아무 상관 없이 그저 우연히 일어
난 일이라고 생각하면 됩니다."

10-12 블레셋 지도자들은 그 제안대로 했다. 암소 두 마리를
수레에 메우고, 그 송아지들은 우리에 두고 **하나님**의 궤를
금쥐와 금종양이 든 자루와 함께 수레에 실었다. 암소들은
울음소리를 내며 궤가 왔던 길을 되짚어 곧장 벳세메스 길로
갔는데, 오른쪽으로나 왼쪽으로 조금도 벗어나지 않았다. 블
레셋의 지도자들은 벳세메스 경계까지 수레를 따라갔다.

13-15 그때에 벳세메스 사람들이 골짜기에서 밀을 추수하고

있었다. 눈을 들어 궤를 본 그들은 뛸 듯이 기뻐하며 달려
나와 맞았다. 수레는 벳세메스 사람 여호수아의 밭에 들어
서서 그곳에 있는 큰 바위 곁에 멈추었다. 추수하던 사람들
이 수레를 조각조각 뜯어내 장작으로 쓰고 암소들을 잡아
**하나님**께 번제물로 바쳤다. 레위 사람들은 **하나님**의 궤와
금제물이 든 자루를 맡아서 그 바위 위에 올려놓았다. 그날
벳세메스 사람들 모두가 제사를 드리며 진심으로 **하나님**을
예배했다.

<sup>16</sup> 블레셋의 다섯 지도자는 이것을 모두 확인하고 나서, 그
날로 에그론으로 돌아갔다.

<sup>17-18</sup> 블레셋 사람은 아스돗, 가사, 아스글론, 가드, 에그론
성읍들을 위한 보상으로 금종양 다섯 개를 바쳤다. 금쥐 다
섯 개는 다섯 지도자가 통치하는 크고 작은 블레셋 성읍의
수에 맞춘 것이었다. 그들이 **하나님**의 궤를 올려놓았던 큰
바위는 지금도 그곳 벳세메스에 있는 여호수아의 밭에 기념
물로 남아 있다.

<sup>19-20</sup> 호기심에 못 이겨 무례히 **하나님**의 궤를 들여다본 벳세
메스 사람 중에 얼마를 **하나님**께서 치시니, 일흔 명이 죽었
다. **하나님**께서 엄하게 치시자 온 성읍이 휘청이며 슬픔에
**빠져** 물었다. "누가 능히 **하나님**, 이 거룩하신 하나님 앞에
설 수 있겠는가? 누구를 데려다 이 궤를 다른 곳으로 가져
가게 할 수 있을까?"

²¹ 그들은 기럇여아림에 전령을 보내 말했다. "블레셋 사람이 **하나님**의 궤를 돌려보냈습니다. 내려와서 가져가십시오."

**사무엘이 이스라엘을 다스리다**

**7** ¹ 기럇여아림 사람들은 그대로 행했다. 그들이 와서 **하나님**의 궤를 받아 산 위에 있는 아비나답의 집으로 옮겼다. 거기서 아비나답의 아들 엘리아살을 구별하여 세우고, **하나님**의 궤를 책임지게 했다.

² 궤가 기럇여아림에 정착하고 이십 년이라는 긴 세월이 흘렀다. 온 이스라엘에 **하나님**을 경외하는 마음이 널리 퍼져 나갔다.

³ 그 후에 사무엘이 이스라엘 백성에게 말했다. "여러분이 진심으로 **하나님**께 돌아오려거든, 집을 깨끗이 정리하십시오. 이방 신들과 다산의 여신들을 없애고, **하나님**께 기초를 단단히 두고 오직 그분만 섬기십시오. 그러면 그분께서 여러분을 블레셋의 압제에서 구원하실 것입니다."

⁴ 그들은 그대로 행했다. 바알과 아스다롯 신상을 없애고, 오직 **하나님**만 바라보며 그분만을 섬겼다.

⁵ 그 후에 사무엘이 말했다. "모든 사람을 미스바로 모이게 하십시오. 내가 여러분을 위해 기도하겠습니다."

⁶ 그래서 모든 사람이 미스바에 모였다. 그들은 정결하게 하는 의식으로 우물에서 물을 길어다가 **하나님** 앞에 부어 드렸다. 그리고 하루 종일 금식하며 "우리가 **하나님**께 죄를 지

었습니다" 하고 기도했다.

이렇게 사무엘은 그곳 미스바에서 거룩한 전쟁에 대비해 이스라엘 백성을 준비시켰다.

7 이스라엘이 미스바에 모였다는 소식이 블레셋 사람에게 전해지자, 블레셋 지도자들이 그들을 치려고 나왔다. 이스라엘은 그 소식을 듣고 두려워했다. 블레셋 사람이 다시 행동을 개시했기 때문이다!

8 그들은 사무엘에게 간청했다. "온 힘을 다해 기도해 주십시오! 마음을 놓아서는 안됩니다! **하나님** 우리 하나님께서 블레셋 사람의 압제에서 우리를 구원하시도록 기도해 주십시오."

9 사무엘은 아직 젖을 떼지 않은 어린양 한 마리를 가져다가 **하나님**께 온전한 번제물로 바치고, 이스라엘을 위해 **하나님**께 간절히 기도했다. 그러자 **하나님**께서 응답하셨다.

10-12 사무엘이 제사를 드리고 있을 때에, 블레셋 사람이 이스라엘과 싸우려고 가까이 다가왔다. 바로 그때 **하나님**께서 천둥을 내리치시니, 블레셋 머리 위로 천둥소리가 크게 울렸다. 그들이 겁에 질려 허둥지둥 도망쳤다. 대혼란이었다! 이스라엘은 미스바에서 쏟아져 나와 블레셋 사람을 추격하여, 벳갈 너머에 있는 지점에 이를 때까지 그들을 닥치는 대로 죽였다. 사무엘은 돌 하나를 가져다가 미스바와 센 사이에 곧게 세웠다. 그는 "**하나님**께서 이곳에서 우리를 도우셨

다는 표시다"라고 하면서, 그 돌의 이름을 '에벤에셀'(도움의 돌)이라고 했다.

13-14 호되게 당한 블레셋 사람이 다시는 경계를 넘어오지 않았다. 사무엘이 살아 있는 동안에 **하나님**께서 블레셋을 엄히 다루셨다. 이스라엘은 전에 블레셋 사람이 빼앗아 간 성읍, 곧 에그론에서 가드까지의 모든 성읍을 되찾았다. 그 주변 지역들도 블레셋의 지배에서 해방시켰다. 이스라엘과 아모리 사람 사이에도 평화가 임했다.

15-17 사무엘은 살아 있는 동안 이스라엘에 든든한 지도력을 발휘했다. 그는 해마다 베델에서 길갈과 미스바로 순회하며 이스라엘을 돌아보았다. 그러나 항상 자기 거처인 라마로 돌아와 그곳에서 이스라엘을 다스렸다. 그는 거기서 **하나님**께 제단을 쌓았다.

### 하나님의 왕되심을 거부하는 이스라엘

**8** 1-3 사무엘이 나이가 많이 들자, 자기 아들들을 이스라엘의 사사로 세웠다. 맏아들의 이름은 요엘이고 둘째의 이름은 아비야였다. 그들은 직무를 맡아 브엘세바에서 일했다. 그러나 사무엘의 아들들은 그와 같지 않았다. 자기 욕심을 채우려고 뇌물을 받았고, 재판에서 부정을 일삼았다.

4-5 그들에게 진절머리가 난 이스라엘의 모든 장로가, 라마로 가서 사무엘에게 따졌다. 그들은 이런 주장을 내세웠다. "보

십시오. 당신은 이제 늙었고 당신의 아들들은 당신을 따르지 않고 있습니다. 우리가 원하는 바는 이것입니다. 다른 모든 나라처럼 우리에게도 우리를 다스릴 왕을 세워 주십시오."

6 사무엘은 "우리를 다스릴 왕을 주십시오!"라는 그들의 요구를 듣고 마음이 상했다. 얼마나 괘씸한 생각인가! 사무엘은 **하나님**께 기도했다.

7-9 **하나님**께서 사무엘에게 대답하셨다. "그들이 요구하는 것을 들어주어라. 그들은 지금 너를 버린 것이 아니라 그들의 왕인 나를 버렸다. 내가 그들을 이집트에서 이끌어 낸 날부터 오늘까지, 그들은 늘 이런 식으로 행동하며 나를 버리고 다른 신들을 좇았다. 이제 네게도 똑같이 하는 것이니, 그들 뜻대로 하게 두어라. 다만, 그들이 당하게 될 일들을 경고해 주어라. 왕이 다스리는 방식과 그들이 왕에게 당하게 될 일들을 말해 주어라."

10-18 그래서 사무엘은 그들에게 말했다. 왕을 달라고 요청하는 백성에게 **하나님**의 경고를 전했다. "여러분이 말하는 왕이 다스리는 방식은 이렇습니다. 그는 여러분의 아들들을 데려가 전차병과 기병, 보병 등의 군사로 삼고 대대와 중대로 편성할 것입니다. 어떤 이들에게는 왕의 농장에서 강제 노역을 시켜 밭을 갈고 추수하게 하고, 어떤 이들에게는 전쟁 무기나 왕의 호사스러운 전차를 만들게 할 것입니다. 여러분의 딸들을 데려가서 미용사와 종업원과 요리사로 부릴 것입니다. 그는 여러분의 가장 좋은 밭과 포도원과 과수원

을 빼앗아 왕의 가까운 친구들에게 넘겨줄 것입니다. 왕의
수많은 관료들을 유지하기 위해 여러분의 작물과 포도에 세
금을 매길 것입니다. 여러분이 소유한 가장 뛰어난 일꾼과
가장 건강한 짐승들을 데려다가 자기 일에 쓸 것입니다. 여
러분의 양 떼에 세금을 부과하여 결국 여러분을 종이나 다
름없이 부릴 것입니다. 여러분이 그토록 원했던 왕 때문에,
절박하게 부르짖을 날이 올 것입니다. 그러나 그때 **하나님**
의 응답을 기대하지는 마십시오."

19-20 그러나 백성은 사무엘의 말을 들으려 하지 않았다. "아
닙니다!" 그들은 말했다. "우리도 우리를 다스릴 왕이 있어
야겠습니다! 그러면 우리도 다른 모든 나라처럼 될 것입니
다. 왕이 우리를 다스리고 지도하며 우리를 위해 싸워 줄 것
입니다."

21-22 사무엘은 그들의 말을 받아서 **하나님**께 그대로 아뢰었
다. **하나님**께서 사무엘에게 말씀하셨다. "그들의 말을 들어
주어라. 그들에게 왕을 세워 주어라."

그 후에 사무엘은 이스라엘 사람들을 흩어 보냈다. "집으로
돌아가십시오. 각자 자기 성읍으로 돌아가십시오."

### 사울이 사무엘을 만나다

**9** 1-2 베냐민 지파에 기스라는 사람이 있었다. 그는 유
력한 베냐민 사람으로 아비엘의 아들이었다. 아비엘
은 스롤의 아들이고, 스롤은 고랏의 아들, 고랏은 아비아의

아들이다. 기스에게 사울이라는 아들이 있었는데, 아주 잘 생긴 젊은이였다. 그보다 준수한 사람은 없었다. 그는 말 그 대로 남들보다 머리 하나만큼 키가 더 컸다!

3-4 기스가 나귀 몇 마리를 잃어버렸다. 그는 아들에게 말했 다. "사울아, 종 하나를 데리고 가서 나귀를 찾아보아라." 사울은 종을 데리고 나귀를 찾으러 갔다. 그들은 살리사 땅 주변의 에브라임 산지로 갔지만 나귀를 찾지 못했다. 이어 서 사알림 땅을 살펴보았지만 헛수고였다. 다음에는 야빈 땅으로 갔으나, 역시 아무것도 얻지 못했다.

5 그들이 숩 땅에 이르렀을 때, 사울이 옆에 있던 젊은 종에 게 말했다. "이만하면 됐으니 돌아가자. 아버지께서 나귀보 다 우리 걱정을 하시겠다."

6 종이 대답했다. "서두르지 마십시오. 이 성읍에 거룩한 사 람이 있는데, 근방에서 영향력이 큰 분입니다. 그가 하는 말 은 언제나 들어맞는다고 합니다. 우리가 어디로 가야 할지 어쩌면 그가 알려 줄지도 모르겠습니다."

7 사울이 말했다. "그를 찾아가면, 선물로 무엇을 드린단 말 이냐? 자루에 빵도 다 떨어져 거룩한 사람에게 드릴 것이 아무것도 없구나. 우리가 가진 것이 더 있느냐?"

8-9 종이 말했다. "보십시오. 마침 저에게 은화가 있습니다! 제가 이것을 거룩한 사람에게 드리겠습니다. 그러면 그가 우리에게 어떻게 해야 할지 일러 줄 것입니다!" (옛날 이스 라엘에서는 무슨 일이 있어서 하나님의 말씀을 구하려는 사람은

"선견자를 찾아가자!" 하고 말하곤 했다. 우리가 지금 '예언자'라고 부르는 사람을 그때는 '선견자'라고 불렀다.)

¹⁰ "좋다, 가자." 사울이 말했다. 그들은 거룩한 사람이 사는 성읍으로 떠났다.

¹¹ 성읍으로 들어가는 언덕을 오르다가, 두 사람은 물 길러 나오는 처녀들을 만나 그들에게 물었다. "여기가 선견자가 사는 곳입니까?"

¹²⁻¹³ 처녀들이 대답했다. "맞습니다. 조금만 가면 됩니다. 서두르세요. 백성이 산당에 제사를 준비해 놓아서 오늘 그분이 오셨습니다. 곧바로 성읍으로 들어가면, 그분이 산당으로 식사하러 올라가시기 전에 만날 수 있을 겁니다. 백성은 그분이 도착하시기 전에는 먹지 않습니다. 그분이 제물을 축복하셔야 모두가 먹을 수 있습니다. 그러니 어서 가세요. 틀림없이 만날 수 있을 겁니다!"

¹⁴ 그들이 계속 올라가 성읍으로 들어가니, 거기에 사무엘이 있었다! 그는 산당으로 가느라 곧장 그들 쪽으로 오고 있었다!

¹⁵⁻¹⁶ 그 전날 하나님께서는 사무엘에게 이렇게 말씀하셨다. "내일 이맘때, 내가 베냐민 땅에서 한 사람을 보내 너를 만나게 할 것이다. 너는 그에게 기름을 부어 내 백성 이스라엘의 지도자로 삼아라. 그가 내 백성을 블레셋의 압제에서 해방시킬 것이다. 나는 그들의 어려운 처지를 다 알고 있다. 도와 달라고 부르짖는 그들의 소리를 내가 들었다."

¹⁷ 사무엘이 사울을 보는 순간, **하나님**께서 말씀하셨다. "이 사람이 내가 네게 말한 바로 그다. 이 사람이 내 백성을 다스릴 것이다."

¹⁸ 사울이 길가에서 사무엘에게 다가가 말했다. "실례지만, 선견자가 어디 사는지 아시는지요?"

¹⁹⁻²⁰ 사무엘이 대답했다. "내가 바로 선견자입니다. 산당으로 가서 나와 함께 식사합시다. 그대가 물어보려는 것은 내일 아침에 다 말하겠습니다. 그러고 나서 당신들을 보내드리겠습니다. 그대가 지난 사흘 동안 찾아다닌 나귀들은 이미 찾았으니 걱정하지 마십시오. 지금 이 순간에, 이스라엘의 장래가 그대 손안에 있습니다."

²¹ 사울이 대답했다. "저는 이스라엘에서 가장 작은 지파인 베냐민 사람이며, 그 지파 중에서도 가장 보잘것없는 가문 출신입니다. 어찌하여 제게 이렇게 말씀하십니까?"

²²⁻²³ 사무엘은 사울과 그의 종을 데리고 산당의 식당으로 들어가 그들을 상석에 앉혔다. 그곳에 모인 손님이 서른 명 정도 되었다. 사무엘이 요리사에게 지시했다. "내가 자네에게 보관해 두라고 했던 가장 좋은 고기를 가져오게."

²⁴ 요리사가 고기를 가져와 사울 앞에 성대히 차려 놓으며 말했다. "이 음식은 바로 당신을 위해 따로 준비해 두었던 것입니다. 드십시오! 오늘 여러 손님들을 대접하고자 특별히 준비했습니다."

사울은 사무엘과 함께 음식을 들었다. 그로서는 잊지 못할 날이었다!

²⁵ 그 후에 그들은 산당에서 성읍으로 내려갔다. 시원한 산들바람이 부는 사무엘의 집 옥상에 사울의 잠자리가 마련되어 있었다.

²⁶ 그들은 동틀 무렵에 일어났다. 사무엘이 옥상에 있는 사울을 불렀다. "일어나시지요. 내가 배웅하겠습니다." 사울이 일어나자 두 사람은 곧 길을 나섰다.

²⁷ 성읍 경계에 이르렀을 때 사무엘이 사울에게 말했다. "종에게 앞서 가라고 하십시오. 그리고 잠시 나와 함께 계시지요. 그대에게 전할 하나님의 말씀이 있습니다."

**사무엘이 사울에게 기름을 붓다**

**10** ¹⁻² 사무엘이 기름병을 들어 사울의 머리에 붓고, 그에게 입을 맞추었다. 사무엘이 말했다. "이것이 무슨 뜻인지 알겠습니까? **하나님**께서 그대에게 기름을 부으셔서 그분의 백성을 다스릴 지도자로 삼으셨습니다. **하나님**께서 그대에게 기름을 부으셔서 그분의 기업을 다스릴 지도자로 삼으신 것이, 이제 곧 표징으로 확증될 것입니다. 그대가 오늘 길을 떠나 그대의 고향 땅 베냐민에 이를 즈음, 라헬의 묘 근처에서 두 사람을 만나게 될 것입니다. 그들은 '당신이 찾으러 간 나귀들은 이미 찾았지만, 당신 아버지가 당신 걱정으로 노심초사하고 있다!'고 말할 것입니다.

³⁻⁴ 거기서 좀 더 가다 보면 다볼의 상수리나무에 이를 텐데,

거기서 하나님을 예배하러 베델로 올라가는 세 사람을 만나
게 될 것입니다. 한 사람은 염소 새끼 세 마리를 끌고, 다른
한 사람은 빵 세 자루를, 나머지 한 사람은 포도주 한 병을
들고 있을 것입니다. 그들이 '안녕하시오?' 하면서 그대에게
빵 두 덩이를 주거든, 그것을 받으십시오.

5-6 그 후에 그대는 블레셋 수비대가 있는 하나님의 기브아에
닿을 것입니다. 성읍에 가까이 이를 즈음에, 하프와 탬버린
과 피리와 북을 연주하며 산당에서 내려오는 예언자 무리와
마주칠 것입니다. 그들은 예언을 하고 있을 텐데, 그대도 모
르는 사이에 하나님의 영이 임하셔서, 그들과 함께 그대도 예
언하게 될 것입니다. 그대는 변화되어 새사람이 될 것입니다!
7 이 표징들이 모두 이루어지거든, 자신이 준비된 줄 알기
바랍니다. 그대에게 무슨 일이 주어지든지, 그 일을 행하십
시오. 하나님께서 그대와 함께하십니다!

8 이제 길갈로 내려가십시오. 나도 곧 따라갈 것입니다. 내
가 내려가서 그대와 함께 번제와 화목제를 드려 예배할 것
입니다. 칠 일을 기다리십시오. 그러면 내가 가서 그대가 다
음에 할 일을 알려 주겠습니다."

9 사울은 발걸음을 돌려 사무엘을 떠났다. 그 순간 하나님께
서 그를 변화시켜 새사람이 되게 하셨다! 앞서 말한 표징들
도 그날 모두 이루어졌다.

10-12 사울 일행이 기브아에 이르렀을 때, 그들 앞에 예언자

들이 있었다! 사울이 미처 깨닫기도 전에 하나님의 영이 임
하셔서, 사울도 그들과 함께 예언을 하게 되었다. 전에 사
울을 알던 사람들은 그가 예언자들과 함께 예언하는 모습을
보고 크게 놀랐다. "이게 어찌 된 일인가? 기스의 아들에게
무슨 일이 일어났는가? 도대체 사울이 어쩌다 예언자가 되
었단 말인가?" 한 사람이 큰소리로 말했다. "이 일을 시작한
사람이 누구냐? 이 사람들은 도대체 어디서 왔는가?"
그렇게 해서 "사울이 예언자 중에 있다니! 누가 짐작이나
했으랴!" 하는 속담이 생겼다.

13-14 사울은 예언을 마치고 집으로 돌아갔다. 그의 삼촌이
그와 그의 종에게 물었다. "너희 둘은 지금까지 어디에 있었
느냐?"

"나귀들을 찾으러 갔었습니다. 여기저기 다 찾아보았지만,
찾지 못했습니다. 그러다가 사무엘을 만났습니다!"

15 사울의 삼촌이 말했다. "그래, 사무엘이 너희에게 무슨
말씀을 하시더냐?"

16 사울이 말했다. "나귀를 이미 찾았으니 걱정하지 말라고
하셨습니다." 그러나 사울은 사무엘이 말한 왕의 일에 대해
서는 삼촌에게 아무 말도 하지 않았다.


**우리는 왕을 원합니다!**

17-18 사무엘은 백성을 미스바로 불러 하나님 앞에 모이게 했
다. 그는 이스라엘 자손에게 말했다. "이것은 하나님께서

친히 여러분에게 주시는 말씀입니다.

18-19 '내가 이스라엘을 이집트에서 이끌어냈다. 내가 이집트의 압제에서뿐 아니라 너희를 괴롭히고 너희 삶을 괴롭게 하는 모든 나라에서 너희를 구해 냈다. 그런데 이제 너희는 너희 하나님, 너희를 온갖 괴로움에서 번번이 건져 준 그 하나님과 아무 상관 없이 살려고 한다.

이제 너희는 "아닙니다! 우리는 왕을 원합니다. 우리에게 왕을 주십시오!" 하고 말한다.

그것이 너희가 원하는 것이라면 얻게 해주겠다! 이제 너희는 지파와 가문별로 예를 갖추어 **하나님** 앞에 나오너라.'"

20-21 사무엘이 이스라엘의 모든 지파를 줄지어 나오게 하니 베냐민 지파가 **뽑혔다**. 베냐민 지파를 가문별로 줄지어 나오게 하니 마드리 가문이 **뽑혔다**. 마드리 가문을 줄지어 나오게 하니 기스의 아들 사울의 이름이 **뽑혔다**. 그들이 사울을 찾으러 갔지만, 그는 어느 곳에도 보이지 않았다.

22 사무엘이 **하나님**께 다시 여쭈었다. "그가 이 근처에 있습니까?"

**하나님**께서 말씀하셨다. "그렇다. 바로 저기 짐 더미 사이에 숨어 있다."

23 사람들이 달려가서 그를 데려왔다. 그가 사람들 앞에 섰는데, 키가 다른 사람들보다 머리 하나만큼이나 더 컸다.

24 이윽고 사무엘이 백성에게 말했다. "**하나님**께서 택하신 사람을 잘 보십시오. 최고입니다! 온 나라에 이만한 사람이

없습니다!"

그러자 백성이 크게 함성을 질렀다. "우리 왕 만세!"

²⁵ 사무엘은 왕국에 관한 여러 규정과 법규를 백성에게 가르치고, 그것을 책에 모두 기록하여 하나님 앞에 두었다. 그러고 나서 모든 사람을 집으로 돌려보냈다.

²⁶⁻²⁷ 사울도 기브아에 있는 집으로 돌아갔다. 하나님께서 마음에 감동을 주셔서 사울과 함께한 진실하고 용감한 사람들도 그를 따라갔다. 그러나 불량배들은 자리를 뜨면서 투덜거렸다. "구원할 자라고? 웃기지 마라!" 그들은 사울을 업신여겨 축하하려 들지 않았다. 하지만 사울은 그들에게 신경 쓰지 않았다.

### 왕으로 추대되는 사울

암몬 사람의 왕 나하스가 갓 지파와 르우벤 지파를 잔인하게 대했다. 그들의 오른쪽 눈을 뽑고, 이스라엘을 도우려는 자는 누구든 위협했다. 요단 강 동쪽에 사는 이스라엘 백성가운데 나하스에게 오른쪽 눈을 뽑히지 않은 사람은 거의 없었다. 다만 칠천 명이 암몬 사람을 피해 야베스에서 안전하게 지내고 있었다.

**11** ¹ 그래서 나하스는 그들을 쫓아가 야베스 길르앗과 전쟁을 벌이려고 했다. 야베스 사람들이 나

하스에게 간청했다. "우리와 조약을 맺어 주십시오. 그러면 우리가 당신을 섬기겠습니다."

2 나하스가 말했다. "너희와 조약을 맺기는 하겠다만 한 가지 조건이 있다. 너희의 오른쪽 눈을 모두 뽑아야 한다! 나는 이스라엘의 모든 남녀를 욕보이고 나서야 조약을 맺을 것이다!"

3 야베스의 성읍 지도자들이 말했다. "우리에게 이스라엘 전역에 전령들을 보낼 시간을 주십시오. 칠 일이면 될 겁니다. 우리를 도우러 나타나는 자가 아무도 없으면, 그때 당신의 조건을 받아들이겠습니다."

4-5 전령들이 사울이 살고 있는 기브아로 가서 백성에게 사정을 알렸다. 백성이 큰소리로 울기 시작할 때, 사울이 나타났다. 그는 소를 몰고 밭에서 돌아오던 길이었다.

사울이 물었다. "무슨 일입니까? 왜 다들 울고 있습니까?" 그러자 백성이 야베스에서 온 메시지를 전했다.

6-7 그 소식을 들을 때 하나님의 영이 사울에게 임하셔서 그 안에 분노가 차올랐다. 그는 소의 멍에를 붙잡고 그 자리에서 소를 잡았다. 그리고 전령들을 온 이스라엘에 보내 피 묻은 소의 토막들을 돌리며 이렇게 전하게 했다. "누구든지 사울과 사무엘을 따라 함께하지 않으면 여러분의 소도 이렇게 되고 말 것이오!"

7-8 하나님의 두려움이 백성을 사로잡아 너 나 할 것 없이 모두 나왔고, 지체하는 자가 하나도 없었다. 사울은 베섹에서

백성을 이끌었는데, 이스라엘 사람이 300,000명, 유다 사람이 30,000명이었다.

9-11 사울은 전령들에게 지시했다. "야베스 길르앗 사람들에게 가서 '우리가 도우러 가고 있으니, 내일 한낮이면 도착할 것이다' 하고 전하여라."

전령들은 곧바로 떠나서 사울의 메시지를 전했다. 의기양양해진 야베스 길르앗 백성은 나하스에게 메시지를 전했다. "내일 우리가 항복하겠습니다. 당신이 말한 조건대로 우리를 대해도 좋습니다." 이튿날 동트기 한참 전에, 사울은 전략상 군대를 세 부대로 나누었다. 날이 밝자마자 그들은 적진으로 쳐들어가 한낮이 될 때까지 암몬 사람을 죽였다. 살아남은 사람들은 필사적으로 달아나, 사방으로 뿔뿔이 흩어졌다.

12 그러자 백성이 사무엘에게 와서 말했다. "'사울은 우리를 다스릴 적임자가 못 된다'고 말하던 자들이 어디 있습니까? 넘겨주십시오. 우리가 그들을 죽여야겠습니다!"

13-14 그러자 사울이 말했다. "오늘은 아무도 처형하지 않을 것입니다. 오늘은 **하나님**께서 이스라엘을 구원하신 날입니다! 길갈로 가서, 왕위를 다시 새롭게 합시다."

15 백성이 모두 무리 지어 길갈로 가서, **하나님** 앞에서 사울을 왕으로 세웠다. 그들은 거기서 화목제를 드리며 하나님을 예배했다. 사울과 온 이스라엘이 크게 기뻐했다.

## 사무엘의 고별사

# 12

1-3 사무엘이 온 이스라엘에게 말했다. "나는 여러분이 내게 한 말을 한 마디도 **빠짐없이** 잘 듣고, 여러분에게 왕을 주었습니다. 자, 보십시오. 여러분의 왕이 여러분 가운데서 여러분을 이끌고 있습니다! 그러나 이제 나를 보십시오. 나는 늙어서 머리가 희어졌고 내 아들들도 아직 여기 있습니다. 나는 어릴 적부터 오늘까지 여러분을 신실하게 이끌었습니다. 나를 보십시오! 여러분이 **하나님**과 그분의 기름부음 받은 자 앞에서 나에 대해 고소할 것이 하나라도 있습니까? 내가 수소나 나귀 한 마리라도 훔친 적이 있습니까? 여러분을 이용하거나 착취한 적이 있습니까? 뇌물을 받거나 법을 우습게 여긴 적이 있습니까? 그런 일이 있다면 나를 고소하십시오. 그러면 내가 배상하겠습니다."

4 "아닙니다." 그들이 말했다. "그런 적 없습니다. 당신은 그 비슷한 어떤 일도 행하지 않았습니다. 우리를 억압한 적도 없고, 사사로운 욕심을 채운 적도 없습니다."

5 "그렇다면 됐습니다." 사무엘이 말했다. "여러분은 내게서 어떤 잘못이나 불만도 찾지 못했습니다. **하나님**께서 이 일의 증인이시며, 그분의 기름부음 받은 이가 이 일의 증인입니다."

6-8 그러자 백성이 말했다. "그분이 증인이십니다."

사무엘이 말을 이었다. "모세와 아론을 여러분의 지도자로 삼으시고 여러분의 조상을 이집트에서 이끌어 내신 분이 바로 **하나님**이십니다. 이제 그분 앞에서 여러분의 태도를 결정하십시오. 지금까지 하나님께서 여러분과 여러분의 조상에게 행하신 모든 의로운 일들에 비추어, 내가 여러분의 문제를 하나님 앞에서 검토하겠습니다. 야곱의 아들들이 이집트에 들어갔을 때 이집트 사람이 그들을 핍박해 괴롭게 했고, 그래서 그들이 하나님께 구원해 달라고 부르짖었습니다. 하나님께서는 모세와 아론을 보내 주셨고, 그들이 여러분의 조상을 이집트에서 인도하여 여기 이곳에 정착하게 하셨습니다.

⁹ 그러나 그들은 금방 자신들의 하나님을 잊어버렸고, 하나님께서는 그들을 하솔의 군사령관 시스라에게, 그 후에는 블레셋 치하의 혹독한 삶에, 또 그 후에는 모압 왕에게 파셨습니다. 그들은 목숨을 걸고 싸워야 했습니다.

¹⁰ 그러다가 그들은 하나님께 구원해 달라고 부르짖었습니다. 그들은 '우리가 죄를 지었습니다! 우리가 하나님을 버리고 떠나서 가나안 다산의 신들과 여신들을 섬겼습니다. 제발 우리를 원수들의 만행에서 건져 주십시오. 그러면 우리가 주님만 섬기겠습니다' 하고 고백했습니다.

¹¹ 그러자 하나님께서는 여룹바알(기드온)과 베단(바락)과 입다와 사무엘을 보내셨습니다. 그분은 원수들에게 에워싸인 혹독한 삶에서 여러분을 구원하셨고, 여러분은 평안히 살수 있었습니다.

¹² 하지만 여러분은 암몬 사람의 왕 나하스가 여러분을 공격하려는 것을 보고 내게 이렇게 말했습니다. '더 이상 이렇게

살기는 싫습니다. 우리는 우리를 이끌어 줄 왕을 원합니다.'
**하나님**께서 이미 여러분의 왕이신데도 말입니다!

13-15 이제 여러분이 원하던 왕, 여러분이 구하던 왕이 여기
있습니다. **하나님**께서 여러분 마음대로 하게 하셔서, 왕을
주셨습니다. 여러분이 **하나님**을 경외한다면, 그분을 섬기고
순종하며 그분의 말씀을 거역하지 마십시오. 여러분과 여러
분의 왕이 **하나님**을 따르면 아무 문제가 없을 것입니다. **하
나님**께서 반드시 여러분을 구원하실 것입니다. 그러나 여러
분이 그분께 순종하지 않고 그분의 말씀을 거역하면, 왕이
있든 없든, 여러분의 처지는 여러분의 조상보다 나을 게 하
나도 없을 것입니다.

16-17 주목하십시오! **하나님**께서 지금 여러분 앞에서 행하시
려는 이 기적을 잘 보십시오! 여러분도 알다시피, 지금은 여
름이고 우기가 끝났습니다. 그러나 내가 **하나님**께 기도하
면, 그분께서 천둥과 비를 보내실 것입니다. 이것은 여러분
이 왕을 구함으로써 **하나님**께 저지른 큰 악을 일깨워 주는
표징이 될 것입니다."

18 사무엘이 **하나님**께 기도하자, **하나님**께서 그날 천둥과 비
를 보내셨다. 백성은 잔뜩 겁에 질려 **하나님**과 사무엘을 두
려워했다.

19 그때 온 백성이 사무엘에게 간청했다. "당신의 종인 우리
를 위해 당신의 **하나님**께 기도해 주십시오. 우리가 죽지 않
도록 기도해 주십시오! 우리가 지은 다른 모든 죄 위에, 왕

을 구하는 죄를 하나 더 쌓았습니다!"

20-22 사무엘이 그들에게 말했다. "두려워하지 마십시오. 여러분이 매우 악한 일을 저지른 것은 사실입니다. 그럴지라도 **하나님**께 등을 돌리지 마십시오. 마음을 다해 그분을 예배하고 섬기십시오! 헛된 신들을 좇지 마십시오! 그것들은 아무것도 아닙니다. 그것들은 여러분을 도울 수 없습니다. 헛된 신들일 뿐입니다! **하나님**께서는 순전히 자신의 어떤 하심 때문에라도, 그분의 백성을 버리거나 떠나지 않으실 것입니다. **하나님**께서는 여러분을 그분의 소유된 백성으로 삼으신 것을 기뻐하셨습니다.

23-25 나 또한 여러분을 버리거나 떠나지 않을 것입니다. 내가 그렇게 한다면, 그것은 **하나님** 앞에서 죄를 짓는 일이 될 것입니다! 나는 바로 여기 내 자리에 남아서 여러분을 위해 기도하고, 여러분에게 선하고 올바른 삶의 길을 가르칠 것입니다. 다만 여러분에게 당부합니다. **하나님**을 경외하고, 온 마음을 다해 정직하게 그분을 섬기십시오. 여러분은 그분이 지금까지 여러분 가운데서 얼마나 큰일을 행하셨는지 보았습니다! 주의하십시오. 여러분이 악하게 살면, 여러분과 여러분의 왕은 버림받을 것입니다."

**사울이 블레셋과 싸우다**

# 13

¹ 사울이 처음 왕이 되었을 때 그는 젊은이였다. 그는 여러 해 동안 이스라엘의 왕으로 다스렸다.

² 사울은 사람들을 징집하여 세 개 부대를 만들었다. 두 개 부대는 믹마스와 베델 산지에 보내 자기 휘하에 두었고, 다른 부대는 베냐민 땅 기브아에 보내 요나단 아래 두었으며, 나머지 사람들은 집으로 돌려보냈다.

3-4 요나단이 게바(기브아)에 주둔한 블레셋 수비대장을 공격하여 죽였다. 블레셋 사람이 그 소식을 듣고 "히브리 사람이 반란을 일으켰다!" 하며 경계경보를 울렸다. 사울은 온 땅에 경계나팔을 불도록 명령을 내렸다. "사울이 블레셋 수비대장을 죽여 첫 피를 흘렸다! 블레셋 사람이 자극을 받아 잔뜩 화가 났다!"는 소문이 온 이스라엘에 퍼졌다. 군대가 소집되어, 길갈에 있는 사울에게 나아왔다.

⁵ 블레셋 사람은 이스라엘과 싸우려고 병력을 집결시켰다. 전차가 세 개 부대, 기병이 여섯 개 부대였고, 보병은 바닷가의 모래알처럼 많았다. 그들은 산으로 올라가 벳아웬 동쪽 믹마스에 진을 쳤다.

6-7 이스라엘 백성은 자신들이 수적으로 훨씬 열세이며 큰 곤경에 처했음을 깨닫고, 달아나 숨었다. 굴이나 구덩이, 골짜기, 수풀, 웅덩이 등 장소를 가리지 않고 숨었다. 그들은 요단 강 건너편으로 후퇴하여 갓과 길르앗 땅으로 도망치는 피난민 신세가 되었다. 그러나 사울은 길갈에서 한 발짝도 물러서지 않았다. 아직 그와 함께한 군사들도 몹시 두려워하며 떨었다.

⁸ 사울은 사무엘이 정해 준 기한인 칠 일을 기다렸다. 그러

나 사무엘은 길갈에 나타나지 않았고, 군사들은 여기저기서 빠져나가기 시작했다.

9-10 참다 못한 사울은 직접 나섰다. "번제물과 화목 제물을 가져오너라!" 그는 직접 번제를 드렸다. 그렇게 제사를 드리자마자 사무엘이 나타났다! 사울이 그를 맞이했다.

11-12 그러자 사무엘이 말했다. "도대체 무엇을 하고 있는 겁니까?"

사울이 대답했다. "내 밑의 군대는 줄어들고 있는데 제사장께서는 온다고 한 때에 오시지 않고, 블레셋 사람은 믹마스에서 만반의 태세를 갖추고 있으니, '블레셋 사람이 나를 치러 곧 길갈로 올라올 텐데, 나는 아직 **하나님**께 도움을 구하지도 못했구나' 하는 생각이 들어 직접 나서서 번제를 드린 것입니다."

13-14 "어리석은 일을 저지르셨습니다." 사무엘이 말했다. "왕이 왕의 **하나님**께서 명령하신 약속을 지켰다면, 지금쯤 **하나님**께서 이스라엘을 다스릴 왕의 왕권을 영원토록 견고하게 다지셨을 것입니다. 그러나 왕권은 이미 산산이 부서져 버렸습니다. 이제 **하나님**께서는 왕을 대신할 자를 찾고 계십니다. 이번에는 그분께서 직접 택하실 것입니다. 원하는 사람을 찾으시면, 그분께서 친히 그를 지도자로 세우실 것입니다. 이 모두가 왕이 **하나님**과의 약속을 어겼기 때문입니다!"

15 말을 마치고, 사무엘은 일어나 길갈을 떠났다. 그때까지

남아 있던 군대는 사울을 따라 싸우러 나갔다. 그들은 산으로 들어가 길갈에서 베냐민 땅 기브아로 향했다. 사울이 자기 곁에 남아 있는 군사들을 살피고 세어 보니, 육백 명밖에 되지 않았다!

**요나단이 블레셋을 습격하다**

16-18 사울과 그의 아들 요나단과 남은 군사들은 베냐민 땅 게바(기브아)에 진을 쳤다. 블레셋 사람은 믹마스에 진을 쳤다. 블레셋 진에서는 세 개의 기습부대를 수시로 내보냈다. 한 부대는 수알 땅 쪽으로 가는 오브라 길을 맡았고, 다른 부대는 벳호론 길을 맡았고, 또 다른 부대는 하이에나 골짜기 가장자리에 둘러 있는 경계 길을 맡았다.

19-22 당시 이스라엘에는 대장장이가 한 명도 없었다. "히브리 사람이 칼과 창을 만들게 해서는 안된다"며 블레셋 사람이 확실하게 수를 써 놓았기 때문이다. 이스라엘 사람이 쟁깃날, 곡괭이, 도끼, 낫 같은 농기구를 갈거나 손질하려면 블레셋 사람에게 내려가야만 했다. 블레셋 사람은 쟁깃날과 곡괭이에는 은화 한 개, 나머지에는 은화 반 개씩을 받았다. 그래서 믹마스 전투가 벌어졌을 때, 이스라엘에는 사울과 그의 아들 요나단 외에는 칼이나 창을 가진 사람이 없었다. 그들 두 사람만 무장한 상태였다.

23 블레셋의 정찰대가 믹마스 고갯길에 자리를 잡고 주둔했다.

# 14

¹⁻³ 그날 늦게, 사울의 아들 요나단이 자기의 무기를 드는 병사에게 말했다. "길 건너편 블레셋의 수비 정찰대가 있는 곳으로 건너가자." 그러나 그는 자기 아버지에게 그 사실을 알리지 않았다. 한편, 사울은 게바(기브아) 성읍 가장자리에 있는 타작마당의 석류나무 아래서 쉬고 있었다. 육백 명 정도 되는 군사가 그와 함께 있었는데, 제사장의 에봇을 입은 아히야도 함께 있었다(아히야는 실로에서 하나님의 제사장이었던 엘리의 손자요 비느하스의 아들인 이가봇의 형제 아히둡의 아들이었다). 거기 있던 사람들은 요나단이 나간 사실을 전혀 몰랐다.

⁴⁻⁵ 요나단이 블레셋 수비대 쪽으로 건너가기 위해 접어든 길은 양쪽으로 깎아지른 암벽이 드러나 있었다. 양쪽 벼랑의 이름은 보세스와 세네였다. 북쪽 벼랑은 믹마스와, 남쪽 벼랑은 게바(기브아)와 마주하고 있었다.

⁶ 요나단이 자기의 무기를 드는 병사에게 말했다. "자 어서, 이 할례 받지 못한 이방인들에게 건너가자. **하나님**께서 우리를 위해 일하실 것이다. **하나님**께서 큰 군대를 통해서만 구원하시는 것은 아니다. **하나님**께서 구원하시기로 뜻을 정하시면, 아무도 그분을 막을 수 없다."

⁷ 그의 무기를 드는 병사가 말했다. "알겠습니다. 무엇이든 원하시는 대로 행하십시오. 무엇을 하시든 당신과 함께하겠습니다."

⁸⁻¹⁰ 요나단이 말했다. "이렇게 하자. 일단 길을 건너가서, 저

쪽 사람들에게 우리의 모습을 보이자. 만일 그들이 '멈춰라! 너희를 검문할 때까지 꼼짝하지 마라!'고 하면, 우리는 올라가지 않고 여기 있을 것이다. 그러나 저들이 '어서 올라오라'고 하면, **하나님**께서 그들을 우리 손에 넘겨주신 것으로 알고 바로 올라갈 것이다. 그것이 우리에게 표징이 될 것이다."

¹¹ 두 사람은 블레셋 수비대의 눈에 잘 띄는 곳으로 나아갔다. 블레셋 사람들이 소리쳤다. "저기를 봐라! 히브리 사람들이 구덩이에서 기어 나온다!"

¹² 그러더니 요나단과 그의 무기를 드는 병사를 향해 외쳤다. "어서 이리 올라오너라! 우리가 본때를 보여주마!"

¹³ 요나단은 자기의 무기를 드는 병사에게 외쳤다. "올라가자! 나를 따라오너라! **하나님**께서 저들을 이스라엘의 손에 넘겨주셨다!" 요나단은 손과 발로 기어올라 갔고, 그의 무기를 드는 병사는 그 뒤를 바짝 따랐다. 블레셋 사람들이 달려들자 요나단은 그들을 때려눕혔고, 그의 무기를 드는 병사가 바로 뒤에서 돌로 그들의 머리를 세게 쳐서 마무리했다.

¹⁴⁻¹⁵ 이 첫 전투에서 요나단과 그의 무기를 드는 병사는 적군을 스무 명 정도 죽였다. 그러자 양쪽 진영과 들판에 큰 소동이 벌어져, 수비대와 기습부대 군사들이 두려워 떨며 크게 동요했고 땅까지 흔들렸다. 전에 없던 엄청난 공포였다!

**블레셋 사람들이 서로를 죽이다**

¹⁶⁻¹⁸ 베냐민 땅 게바(기브아) 후위에 배치되어 있던 사울의

초병들이 적진을 휩쓸고 있는 혼란과 소동을 목격했다. 사
울이 명령했다. "정렬하고 점호를 실시하여, 누가 여기 있
고 누가 없는지 확인하여라." 그들이 점호를 해보니, 요나
단과 그의 무기를 드는 병사가 없는 것으로 밝혀졌다.

18-19 사울이 아히야에게 명령했다. "제사장의 에봇을 가져
오시오. 하나님께서 이 일에 대해 무슨 말씀을 하시는지 알
아봅시다." (당시에는 아히야가 에봇을 맡고 있었다.) 사울이
제사장과 대화하는 동안 블레셋 진영의 소동은 점점 더 커
지고 있었다. 그러자 사울은 이야기를 중단하며 아히야에게
"에봇을 치우시오" 하고 말했다.

20-23 사울은 즉시 군대를 불러 모아 싸움터로 나갔다. 적진
에 이르러 보니 완전히 난장판이었다. 블레셋 사람들이 칼
을 마구 휘두르며 자기들끼리 서로 죽이고 있었다. 일찍이
블레셋 진영에 투항했던 히브리 사람들이 다시 돌아왔다.
이제 그들은 사울과 요나단의 지휘를 따르며 이스라엘과 함
께 있고자 했다. 에브라임 산지에 숨어 있던 이스라엘 백성
도 블레셋 사람이 필사적으로 달아나고 있다는 소식을 듣고
모두 나와서 추격에 합류했다. 그날 하나님께서 이스라엘을
구원하셨다! 굉장한 날이었다!

싸움은 벳아웬까지 번졌다. 이제 온 군대가—만 명의 강한
군사가!—사울의 뒤에 있었고, 싸움은 에브라임 산지 전역
의 모든 성읍으로 퍼져 나갔다.

24 그날 사울은 참으로 어리석은 일을 저질렀다. "저녁 전,

곧 내가 적들에게 복수하기 전에 무엇이든 먹는 사람은 저주를 받을 것이다!"라고 군사들에게 말한 것이다. 군사들은 하루 종일 아무것도 먹지 못했다.

25-27 들판 곳곳에 벌집이 있었지만, 그 꿀을 맛보려고 손가락을 대는 자가 아무도 없었다. 다들 저주를 받을까 두려웠던 것이다. 그러나 자기 아버지의 맹세를 듣지 못한 요나단은 막대기 끝으로 꿀을 조금 찍어 먹었다. 그러자 기운이 나고 눈이 밝아지면서 새 힘이 솟았다.

28 한 군사가 그에게 말했다. "왕께서 '저녁 전에 무엇이든 먹는 사람은 저주를 받을 것이다!' 하고 군 전체를 상대로 엄숙히 맹세하셨습니다. 그래서 군사들이 맥없이 늘어져 있습니다!"

29-30 요나단이 말했다. "아버지께서 이 나라를 위태롭게 만드셨구나. 꿀을 조금만 먹었는데도 이렇듯 빨리 기운이 나지 않았는가! 군사들이 적에게서 빼앗은 것을 뭐라도 먹었더라면 사정이 훨씬 나았을 것을. 그들을 더 크게 쳐부술 수 있었을 텐데!"

31-32 그날 그들은 믹마스에서 멀리 아얄론에 이르기까지 블레셋 사람을 추격해 죽였으나, 군사들은 완전히 기진맥진하고 말았다. 그때부터 그들은 전리품을 취하기 시작했다. 양이든 소든 송아지든, 눈에 띄는 대로 마구 붙잡아 그 자리에서 잡았다. 그리고 그 고기와 피와 내장까지 닥치는 대로 먹었다.

33-34 누군가 사울에게 말했다. "어떻게 좀 해보십시오! 군사들이 **하나님**께 죄를 짓고 있습니다. 고기를 피째 먹고 있습니다!"

사울이 말했다. "너희가 은혜를 원수로 갚고 있구나! 당장 큰 돌 하나를 이리로 굴려 오너라!" 그가 말을 이었다. "군사들 사이로 다니며 알려라. '너희 소와 양들을 이곳으로 가져와 제대로 잡아라. 그러고 나서 고기를 마음껏 즐겁게 먹어도 좋다. 하지만 고기를 피째 먹어 **하나님**께 죄를 지어서는 안된다.'"

군사들은 그 말대로 행했다. 그날 밤 그들은 차례로 자기 짐승을 가져와 그곳에서 잡았다.

35 이것이 사울이 **하나님**께 제단을 쌓게 된 배경이다. 그것은 그가 **하나님**께 처음으로 쌓은 제단이었다.

### 사울이 하나님께 기도하다

36 사울이 말했다. "오늘 밤 블레셋 사람을 쫓아가자! 밤새도록 약탈하고 전리품을 취할 수 있을 것이다. 블레셋 사람을 단 한 놈도 살려 두어서는 안된다!"

"좋습니다. 그렇게 하겠습니다!" 군사들이 말했다.

그러나 제사장이 그들을 만류했다. "이 일에 대해 하나님께서 어떻게 생각하시는지 알아봐야 합니다."

37 그래서 사울은 하나님께 기도했다. "제가 블레셋 사람을 쫓아가도 되겠습니까? 하나님께서 그들을 이스라엘의 손에

넘겨주시겠습니까?" 하나님께서는 그 일에 대해 사울에게
응답하지 않으셨다.

³⁸⁻³⁹ 그러자 사울이 말했다. "모든 군지휘관들은 앞으로 나
오시오. 오늘 누군가 죄를 범했소. 그 죄가 무엇이며 누가
범했는지 찾아낼 것이오! **하나님** 이스라엘의 구원자 하나님
께서 살아 계심을 두고 맹세하는데, 죄를 지은 자가 있으면,
설령 내 아들 요나단으로 밝혀진다 해도 그는 죽을 것이오!"
입을 떼는 자가 아무도 없었다.

⁴⁰ 사울이 이스라엘 군대에게 말했다. "저쪽에 정렬하여 서
시오. 나와 내 아들 요나단은 이쪽에 서겠소."
군대가 "좋습니다. 왕의 말씀대로 하겠습니다" 하고 말하자,
⁴¹ 사울은 **하나님**께 기도했다. "이스라엘의 하나님, 어째서
오늘 제게 응답하지 않으셨습니까? 진실을 보여주십시오.
**하나님**, 저나 요나단에게 죄가 있다면 우림 표시를 주시고,
이스라엘 군대에 죄가 있다면 둠밈 표시를 주십시오."
그러자 우림 표시가 나와 사울과 요나단에게 죄가 있음을
알렸다. 이로써 군대는 혐의를 벗게 되었다.

⁴² 사울이 말했다. "나와 요나단이 제비를 뽑겠소. **하나님**께
서 지적하시는 자는 죽임을 당할 것이오!"
군사들이 반대했다. "안됩니다. 이 일은 옳지 않습니다. 그
만 멈추십시오!" 그러나 사울은 계속 밀어붙였다. 그들이
우림과 둠밈으로 제비를 뽑자, 요나단이 걸렸다.

⁴³ 사울이 요나단을 추궁했다. "무슨 짓을 한 것이냐? 당장

말하여라!"

요나단이 말했다. "들고 있던 막대기로 꿀을 조금 찍어 먹었습니다. 그것이 전부입니다. 그것 때문에 제가 죽어야 합니까?"

⁴⁴ 사울이 말했다. "그렇다. 너는 반드시 죽을 것이다. 나도 어쩔 수 없다. 하나님을 거스를 수는 없지 않느냐?"

⁴⁵ 군사들이 자리에서 일어났다. "요나단이 죽다니요? 절대로 안됩니다! 그는 오늘 이스라엘을 위해 혁혁한 구원의 승리를 이루어 냈습니다. **하나님**께서 살아 계심을 두고 맹세하는데, 그의 머리털 하나도 해를 당하지 않을 것입니다. 온종일 하나님과 함께 싸운 사람이 아닙니까!" 군사들이 요나단을 구하여 그는 죽음을 면했다.

⁴⁶ 사울은 블레셋 사람을 추격하는 것을 그만두었고, 블레셋 사람은 자기 땅으로 돌아갔다.

⁴⁷⁻⁴⁸ 사울은 주변 왕국들을 점령하여 통치 영역을 넓혔다. 그는 모압, 암몬, 에돔, 소바 왕, 블레셋 사람 등 사방의 모든 원수와 맞붙어 싸웠는데, 어디로 가든지 승리를 거두었다. 그를 이길 자가 없었다! 그는 아말렉을 쳤고, 이스라엘은 그들의 만행과 약탈에서 벗어났다.

⁴⁹⁻⁵¹ 사울의 아들들은 요나단, 리스위, 말기수아였고, 딸들은 맏딸 메랍과 작은딸 미갈이었다. 사울의 아내는 아히마아스의 딸 아히노암이었다. 넬의 아들 아브넬은 사울의 군

사령관이었다(넬은 사울의 삼촌이었다). 사울의 아버지 기스
와 아브넬의 아버지 넬은 아비엘의 아들들이었다.

⁵² 사울은 살아 있는 동안 블레셋 사람과 격렬하고 무자비한
전쟁을 벌였다. 그는 힘세고 용감한 자들을 눈에 띄는 대로
징집했다.

### 아말렉과의 전쟁

# 15
¹⁻² 사무엘이 사울에게 말했다. "**하나님**께서 나를
보내시고 왕께 기름을 부어, 그분의 백성 이스라
엘을 다스릴 왕으로 삼게 하셨습니다. 이제 **하나님**께서 하
시는 말씀을 다시 들으십시오. 만군의 **하나님**께서 말씀하십
니다.

²⁻³ '이스라엘이 이집트에서 올라올 때 아말렉이 매복해 있
다가 이스라엘을 기습했으니, 이제 내가 그들에게 원수를
갚겠다. 너는 이렇게 하여라. 아말렉과 전쟁을 벌이고 아말
렉과 관계된 모든 것을 거룩한 저주 아래 두어라. 예외는 없
다! 남자와 여자, 어린아이와 아기, 소와 양, 낙타와 나귀까
지 모조리 진멸해야 한다.'"

⁴⁻⁵ 사울은 들라임에 군대를 소집하고, 이스라엘에서 군사 이
백 개 부대와 유다에서 따로 열 개 부대를 뽑아 출정 준비를
했다. 사울은 아말렉 성을 향해 진군하여 계곡에 매복했다.

⁶ 사울은 겐 사람에게 전갈을 보냈다. "나올 수 있을 때 거기
서 나오시오. 지금 당장 성읍에서 대피하시오. 그렇지 않으

면 당신들도 아말렉 사람과 함께 당할 것이오. 이스라엘 백성이 이집트에서 올라올 때 당신들이 친절을 베풀었기 때문에 이렇게 경고하는 것이오."

겐 사람은 그의 경고대로 그곳에서 대피했다.

7-9 그러자 사울은 계곡에서부터 멀리 이집트 경계 근처에 있는 수르에 이르기까지 아말렉을 추격했다. 그는 아말렉 왕 아각을 생포했다. 다른 모든 사람은 거룩한 저주의 규정대로 죽였다. 그러나 사울과 그의 군대는 아각을 비롯해 가장 좋은 양과 소는 살려 두었다. 그것들에는 거룩한 저주의 규정을 적용하지 않았다. 그 외 아무도 필요로 하지 않는 것은 모두 거룩한 저주의 규정대로 죽였다.

10-11 그러자 하나님께서 사무엘에게 말씀하셨다. "사울을 왕으로 삼은 것이 후회스럽구나. 그가 내게서 등을 돌리고 내가 말한 대로 행하지 않는다."

11-12 사무엘은 그 말을 듣고 화가 났다. 그는 분노와 실망 속에서 밤새도록 기도했다. 그가 사울을 만나 잘못을 지적하려고 아침 일찍 일어났을 때 이런 보고가 들어왔다. "왕께서는 이미 떠나셨습니다. 갈멜에서 왕을 기념하는 승전비를 세운 다음 길갈로 가셨습니다."

### 사울의 불순종

사무엘이 그를 따라잡았을 때는 사울이 이미 제사를 마친 뒤였다. 그는 아말렉의 전리품을 가지고 하나님께 번제를 드렸다.

¹³ 사무엘이 다가오자, 사울이 큰소리로 말했다. "당신에게 **하나님**의 복이 임하시기를 빕니다! 내가 **하나님**의 계획을 충실히 이행했습니다!"

¹⁴ 사무엘이 말했다. "그러면 내 귀에 들리는 이 양과 소의 울음소리는 무엇입니까?"

¹⁵ "아말렉의 전리품 가운데 몇 가지일 뿐입니다." 사울이 말했다. "군사들이 가장 좋은 소와 양 일부를 **하나님**께 제물로 바치려고 남겨 두었습니다. 그러나 그 밖의 것은 다 거룩한 저주 아래 진멸했습니다."

¹⁶ "그만하십시오!" 사무엘이 가로막았다. "**하나님**께서 어젯밤 내게 하신 말씀을 들어 보십시오."

사울이 말했다. "어서 말씀하십시오."

¹⁷⁻¹⁹ 사무엘이 말했다. "처음 이 길에 들어설 때 당신은 보잘것없는 사람이었습니다. 왕께서도 그것을 알고 있었습니다. 그때 **하나님**께서 당신을 이스라엘 가운데 가장 높이 두셔서 왕으로 삼으셨습니다. 그러다 **하나님**께서 그분을 위해 한 가지 일을 하도록 당신을 보내며 명령하시기를, '가서 저 죄인들, 아말렉 사람을 거룩한 저주 아래 두어라. 그들과 끝까지 싸워 완전히 없애 버려라' 하고 말씀하셨습니다. 그런데 어찌하여 왕께서는 **하나님**께 순종하지 않았습니까? **하나님**께서 당신을 항상 지켜보시는데, 어찌하여 이 모든 전리품을 챙기고 버젓이 악을 저질렀습니까?"

20-21 사울은 자신을 변호했다. "무슨 말씀입니까? 나는 **하나
님**께 순종했습니다. **하나님**께서 시키신 일을 행했습니다.
나는 아각 왕을 잡아 왔고 아말렉 사람을 거룩한 저주의 규
정대로 진멸했습니다. 군사들이 길갈에서 **하나님**께 제사를
드리려고 가장 좋은 양과 소 일부를 남겨 두었기로 그것이
뭐가 잘못이란 말입니까?"

22-23 그러자 사무엘이 말했다.

> **하나님**께서 원하시는 것이
> 보여주기 위한 공허한 제사 의식이겠습니까?
> 그분께서 원하시는 것은 그분의 말씀을 잘 듣는 것입니다!
> 중요한 것은 듣는 것이지,
> 거창한 종교 공연을 무대에 올리는 것이 아닙니다.
> **하나님**의 명령을 행하지 않는 것은
> 이교에 빠져 놀아나는 것보다 훨씬 더 악한 일입니다.
> **하나님** 앞에서 스스로 우쭐대는 것은
> 죽은 조상과 내통하는 것보다 훨씬 더 악한 일입니다.
> 왕께서 **하나님**의 명령을 거절했으니
> 그분께서도 왕의 왕권을 거절하실 것입니다.

24-25 사울이 마침내 잘못을 시인하며 고백했다. "내가 죄를
지었습니다. 내가 **하나님**의 말씀과 당신의 지시를 무시했습니
다. 백성을 기쁘게 하는 일에 더 마음을 두었습니다. 그들

이 원하는 대로 했습니다. 부디 나의 죄를 용서해 주십시오!
내 손을 잡고 제단으로 인도하여서, 다시 **하나님**께 예배할
수 있게 해주십시오!"

26 그러나 사무엘은 거절했다. "아닙니다. 나는 이 일에서
왕과 함께 갈 수 없습니다. 왕께서는 **하나님**의 명령을 저버
렸습니다. 이제 **하나님**께서는 당신을 버리셨습니다. 당신은
이스라엘의 왕이 될 수 없습니다."

27-29 사무엘이 떠나려고 돌아서는데, 사울이 그의 옷자락을
잡는 바람에 옷 한쪽이 찢어졌다. 사무엘이 말했다. "**하나
님**께서 바로 지금, 왕께 주셨던 이 나라를 찢어 내셔서 왕의
이웃에게, 왕보다 나은 사람에게 넘겨주셨습니다. 이스라엘
의 영광의 하나님은 속이지도 않으시고 오락가락하지도 않
으십니다. 그분은 마음에 있는 것을 말씀하시며, 그분의 말
씀은 모두 진심입니다."

30 사울이 다시 만류했다. "내가 죄를 지었습니다. 나를 버
리지 마십시오! 지도자들과 백성 앞에서 나를 지지해 주십
시오. 내가 돌아가서 **하나님**을 예배할 테니, 나와 함께 가
주십시오."

31 사무엘은 그의 요청대로 그와 함께 돌아갔다. 사울은 **하
나님** 앞에 무릎을 꿇고 예배했다.

32 사무엘이 말했다. "아말렉 왕 아각을 내 앞에 데려오십시
오." 아각은 죽는 편이 낫겠다고 중얼거리며 끌려 나왔다.

<sup>33</sup> 사무엘이 말했다. "네 칼로 인해 많은 여인들이 자녀를 잃은 것처럼, 네 어미도 그 여인들과 같이 자녀를 잃게 될 것이다!" 사무엘은 그곳 길갈, 하나님 앞에서 아각을 칼로 베었다.

<sup>34-35</sup> 사무엘은 바로 라마로 떠났고 사울은 기브아의 집으로 돌아갔다. 그 후로 사무엘은 다시는 사울을 상대하지 않았다. 그러나 사울의 일로 오랫동안 깊이 슬퍼했다. 하나님께서는 사울을 왕으로 삼으신 것을 후회하셨다.

### 하나님은 중심을 보신다

**16** <sup>1</sup> 하나님께서 사무엘에게 말씀하셨다. "네가 언제까지 사울 때문에 침울하게 있을 참이냐? 너도 알다시피, 나는 그를 버렸다. 그는 더 이상 이스라엘의 왕이 아니다. 너는 거룩하게 구별하는 기름을 병에 담아라. 내가 너를 베들레헴의 이새에게 보내겠다. 그의 아들 가운데서 원하는 왕을 찾았다."

<sup>2-3</sup> "그렇게 할 수 없습니다." 사무엘이 말했다. "사울이 이 소식을 들으면 저를 죽일 것입니다."

하나님께서 말씀하셨다. "암송아지 한 마리를 끌고 그곳으로 가서, '내가 이 암송아지를 제물로 바치고 여러분을 인도하여 하나님께 예배를 드리러 왔습니다' 하고 알려라. 그 자리에 이새도 반드시 초대해야 한다. 그 다음에 할 일은 그때 가서 알려 주겠다. 네가 기름을 부어야 할 사람을 내

가 알려 줄 것이다."

⁴ 사무엘은 **하나님**께서 지시하신 대로 행했다. 그가 베들레헴에 도착하자 성읍의 장로들이 그를 맞으러 나왔다. 그들은 불안한 기색이 역력했다. "무슨 잘못된 일이라도 있습니까?"

⁵ "없습니다. 나는 이 암송아지를 제물로 바치고 여러분을 인도하여 **하나님**께 예배를 드리러 왔습니다. 모두 자신을 살펴 정결하게 하고 나와 함께 예배를 드립시다." 그는 이새와 그의 아들들도 정결하게 한 뒤 예배에 참석하라고 불렀다.

⁶ 이새의 아들들이 도착했을 때 사무엘은 엘리압을 보고 생각했다. "이 사람이 **하나님**께 기름부음을 받을 자구나!"

⁷ 그러나 **하나님**께서 사무엘에게 말씀하셨다. "외모가 다가 아니다. 그의 외모와 키에 감동하지 마라. 나는 이미 그를 제외시켰다. 나 **하나님**은 사람을 판단할 때 사람들이 하는 것처럼 하지 않는다. 사람은 얼굴을 보지만, 나 **하나님**은 그 중심을 본다."

⁸ 이새가 아비나답을 불러 사무엘에게 보였다. 사무엘이 말했다. "이 사람도 **하나님**께서 택하신 자가 아닙니다."

⁹ 다음으로 이새는 삼마를 보였다. 사무엘이 말했다. "이 사람도 아닙니다."

¹⁰ 이새는 아들 일곱 명을 모두 사무엘에게 보였다. 사무엘은 이새에게 있는 그대로 말했다. "**하나님**께서 이들 가운데 누구도 선택하지 않으셨습니다."

¹¹ 그러더니 이새에게 다시 물었다. "이들이 전부입니까? 아들이 더 없습니까?"

"작은 녀석이 하나 있기는 합니다만, 밖에서 양을 치고 있습니다."

사무엘이 이새에게 명했다. "가서 그 아이를 데려오십시오. 그가 오기 전에는 우리가 이 자리를 뜨지 않겠습니다."

¹² 이새는 사람을 보내 그를 데려오게 했다. 그가 안으로 들어왔는데, 눈이 밝게 빛나고 준수하여, 무척 건강해 보였다. **하나님**께서 말씀하셨다. "일어나서, 그에게 기름을 부어라! 바로 이 사람이다."

¹³ 그의 형들이 둘러서서 지켜보는 가운데, 사무엘은 기름이 담긴 병을 들어 그에게 부었다. **하나님**의 영이 급한 바람처럼 다윗 안에 들어가, 그가 살아 있는 동안 큰 능력을 부어 주셨다.

사무엘은 그곳을 떠나 라마에 있는 집으로 돌아갔다.

¹⁴ 그 순간에 사울에게서 **하나님**의 영이 떠나고, **하나님**께서 보내신 어두운 기운이 그를 덮쳤다. 그는 두려웠다.

¹⁵⁻¹⁶ 사울의 참모들이 말했다. "하나님께로부터 온 이 지독한 우울증이 왕의 삶을 비참하게 만들고 있습니다. 왕이시여, 하프를 탈 줄 아는 사람을 찾아 왕을 돕게 하십시오. 하나님께서 보내신 어둡고 우울한 기운이 찾아올 때 그가 음악을 연주하면 왕의 기분이 좋아질 것입니다."

¹⁷ 사울이 신하들에게 말했다. "하프를 탈 줄 아는 사람을 찾아서 내게 데려오시오."

¹⁸ 젊은 신하들 가운데 하나가 말했다. "제가 아는 사람이 있습니다. 제가 직접 보았는데, 베들레헴에 사는 이새의 아들로 음악에 재주가 뛰어납니다. 또한 용감하고 이제 성년이 되어서 말도 잘하고 준수한 데다, **하나님께서 그와 함께 계십니다.**"

¹⁹ 사울은 이새에게 전령을 보내어 청했다. "그대의 아들 다윗, 양을 치는 그 아들을 내게 보내 주시오."

²⁰⁻²¹ 이새는 나귀 한 마리에 빵 두어 덩이와 포도주 한 병과 새끼 염소 한 마리를 실어서, 아들 다윗을 사울에게 보냈다. 다윗은 사울에게 가서 그 앞에 섰다. 사울은 첫눈에 그가 마음에 들어 자신의 오른팔로 삼았다.

²² 사울은 이새에게 답변을 보냈다. "고맙소. 다윗은 이곳에 머물 것이오. 그는 내가 찾던 사람이오. 그에게 깊은 감동을 받았소."

²³ 그 후로 하나님께로부터 온 우울증이 사울을 괴롭힐 때마다 다윗이 하프를 꺼내 연주했다. 그러면 사울은 진정되었고, 어둡고 우울한 기운이 걷히면서 기분이 좋아졌다.

골리앗이 이스라엘에 도전하다

# 17

¹⁻³ 블레셋 사람이 전투를 벌이려고 군대를 소집했다. 그들은 유다 땅 소고에 군대를 배치하고,

소고와 아세가 사이에 있는 에베스담밈에 진을 쳤다. 사울
과 이스라엘 백성은 상수리나무 골짜기에 진을 치고 부대를
배치하여 블레셋 사람과 맞서 싸울 준비를 했다. 블레셋 사
람은 한쪽 산 위에 있고 이스라엘 백성은 반대쪽 산 위에 있
는데, 그 사이에 골짜기가 있었다.

4-7 블레셋 진영에서 키가 거의 3미터나 되는 거인 하나가
넓게 트인 곳으로 걸어 나왔다. 그는 가드 사람 골리앗이었
다. 머리에 청동투구를 쓰고 갑옷을 입었는데, 갑옷의 무게
만 57킬로그램이나 되었다! 그는 또 청동각반을 차고 청동
칼을 들고 있었다. 그의 창은 울타리의 가로장만큼 굵었고
창날의 무게만 해도 7킬로그램에 달했다. 그의 앞에서는 방
패를 드는 자가 걸어 나왔다.

8-10 골리앗이 그 자리에 서서 이스라엘 군대를 향해 소리질
렀다. "너희 군대를 군이 다 동원할 필요가 있겠느냐? 블레
셋은 나 하나로 충분하다. 너희는 다 사울에게 충성하는 자
들이니, 너희 가운데서 가장 뛰어난 용사를 골라 나와 대결
하게 하여라. 만일 그 자가 나를 쳐죽이면, 블레셋 사람이
다 너희 종이 될 것이다. 그러나 내가 이겨서 그 자를 쳐죽
이면, 너희가 다 우리 종이 되어 우리를 섬겨야 한다. 내가
오늘 도전장을 던지니 어서 사람을 내보내라. 어디 한번 끝
장을 보자!"

11 사울과 그의 군대는 블레셋 사람의 소리를 듣고 겁에 질
려 크게 낙심했다.

12-15 바로 그때 다윗이 등장한다. 그는 유대 베들레헴 에브랏 사람 이새의 아들이었다. 여덟 아들을 둔 이새는 나이가 너무 많아 사울의 군대에 들어갈 수 없었다. 이새의 아들들 가운데 위로부터 세 아들이 사울을 따라 전쟁에 나갔다. 그 세 아들의 이름은 맏아들 엘리압과 둘째 아비나답, 셋째 삼마였다. 다윗은 막내아들이었다. 그의 큰형 셋이 사울과 함께 전쟁에 나가 있는 동안, 다윗은 사울의 시중을 들기도 하고 베들레헴에서 아버지의 양을 치기도 하면서 양쪽을 왔다 갔다 했다.

16 골리앗은 사십 일 동안 날마다 아침저녁으로 그 자리에 나와 소리쳤다.

17-19 하루는 이새가 아들 다윗에게 말했다. "굵게 빻은 밀 한 포대와 빵 열 덩이를 가지고 진에 있는 네 형들에게 서둘러 가거라. 그리고 치즈 열 덩이를 챙겨 그들의 부대장에게 가져다주어라. 네 형들이 잘 지내고 있는지 살펴보고, 사울 왕과 네 형들 그리고 지금 상수리나무 골짜기에서 블레셋 사람과 전쟁중인 이스라엘 백성이 어떻게 하고 있는지 내게 알려 다오."

20-23 다윗은 이른 새벽에 일어나 양 치는 일을 다른 사람에게 맡긴 다음, 이새가 지시한 대로 음식을 가지고 길을 떠났다. 그가 진에 도착하자 마침 군대가 전투 개시를 알리는 함성을 지르며 전투대형으로 자리를 잡고 있었다. 이스라엘과 블레셋은 서로 마주보고 진을 펼쳤다. 다윗은 가져온 음식

보따리를 감시병에게 맡기고, 군대가 배치된 곳으로 달려
가 형들과 인사를 나눴다. 그들이 함께 이야기하는 사이, 블
레셋의 선봉장인 가드 사람 골리앗이 블레셋 사람의 진에서
나와 전처럼 싸움을 걸었다. 다윗도 그가 하는 말을 들었다.
24-25 이스라엘 백성은 그 거인을 보는 순간 하나같이 겁을
내며 뒤로 물러났다. 군사들 사이에 이런 말이 오갔다. "이
런 일을 본 적이 있는가? 드러내 놓고 이스라엘에 싸움을
걸어 오다니 말이야. 저 거인을 죽이는 사람은 원하는 모든
것을 얻을 수 있을 거야. 왕께서 큰 상을 내릴 뿐 아니라, 딸
을 신부로 주고 온 집안이 거저 먹고살게 해준다더군."

**다윗이 골리앗을 이기다**

26 다윗이 곁에 선 사람들과 이야기하다가 이렇게 물었다.
"저 블레셋 사람을 죽여 이스라엘의 더럽혀진 명예를 회복
하는 사람에게는 어떤 보상이 따릅니까? 블레셋의 할례 받
지 못한 저 자가 누군데 감히 살아 계신 하나님의 군대를 조
롱한단 말입니까?"
27 군사들은 블레셋 사람을 죽이는 사람에게 왕이 무엇을 약
속했는지 그에게 말해 주었다.
28 다윗의 형 엘리압은 다윗이 사람들과 친근하게 이야기 나
누는 것을 듣고 성을 냈다. "여기서 무엇을 하는 것이냐! 뼈
만 앙상하게 남은 양 떼를 치는 네 일에나 신경 쓰지 않고
서? 네가 무슨 짓을 하려는지 다 안다. 피비린내 나는 전투

가 잘 보이는 곳에 자리를 잡고서, 구경하려고 내려온 게 아
니냐!"

29-30 "무엇 때문에 그러십니까? 저는 그저 물어본 것뿐입니
다." 다윗이 대답했다. 그는 형을 의식하지 않고 다른 사람
에게 가서 똑같이 물었다. 대답은 전과 같았다.

31 다윗이 하는 말을 누군가 듣고 사울에게 보고했다. 사울
은 사람을 보내 그를 불렀다.

32 다윗이 말했다. "왕이시여, 희망을 버리지 마십시오. 제
가 가서 저 블레셋 사람과 싸우겠습니다."

33 사울이 다윗에게 대답했다. "너는 저 블레셋 사람과 싸울
수 없다. 너는 너무 어리고 경험이 없다. 그는 네가 태어나
기 전부터 싸움판에서 잔뼈가 굵은 자다."

34-37 다윗이 말했다. "저는 그동안 목자로서 아버지의 양을
돌봐 왔습니다. 사자나 곰이 양 떼에게 접근해 새끼 양을 채
어 갈 때면, 쫓아가서 그 짐승을 때려눕히고 새끼 양을 구했
습니다. 그 짐승이 저한테 덤비면, 목덜미를 잡아 목을 비틀
어 죽이곤 했습니다. 사자든 곰이든 다를 바 없었습니다. 살
아 계신 하나님의 군대를 조롱하는 저 블레셋 사람에게도
제가 똑같이 할 것입니다. 사자의 이빨과 곰의 발톱에서 저
를 구해 내신 **하나님**께서 저 블레셋 사람에게서도 구해 내
실 것입니다."

사울이 말했다. "가거라. **하나님**께서 너를 도우시기를 빈다!"

38-39 사울은 다윗에게 군인처럼 갑옷을 입혔다. 자신의 청동

투구를 그의 머리에 씌우고 자신의 칼을 갑옷 위에 채워 주었다. 다윗이 걸어 보았지만 한 발짝도 움직일 수가 없었다. 다윗이 사울에게 말했다. "이렇게 다 갖춰 입고는 움직이기 어렵습니다. 저는 이런 복장이 익숙하지 않습니다." 그러고는 그것들을 다 벗어 버렸다.

40 그런 다음 다윗은 목자의 지팡이를 들고, 시냇가에서 매끄러운 돌 다섯 개를 골라 목자의 배낭 주머니에 넣은 다음, 손에 물매를 들고 골리앗에게 다가갔다.

41-42 그 블레셋 사람은 방패를 드는 자를 앞세우고 이리저리 왔다갔다 하다가 다윗을 보았다. 그는 다윗을 한번 훑어보고, 코웃음을 쳤다. 뺨이 붉고 솜털이 보송보송한 한낱 애송이로 본 것이다.

43 그 자는 다윗을 비웃었다. "막대기를 들고 나한테 오다니, 내가 개냐?" 그러고는 자기 신들의 이름으로 다윗을 저주했다.

44 "이리 오너라." 블레셋 사람이 말했다. "내가 너를 이 들판에서 죽여 독수리 밥이 되게 해주마. 들쥐들의 별미로 만들어 주겠다."

45-47 다윗이 대답했다. "너는 칼과 창과 도끼를 가지고 내게 오지만, 나는 네가 비웃고 저주하는 만군의 **하나님**, 이스라엘 군대의 하나님의 이름으로 나아간다. 바로 오늘 **하나님**께서 너를 내 손에 넘겨주실 것이다. 내가 너를 죽이고 네 머리를 베어서, 네 시체와 네 블레셋 동료들의 주검을 까마

귀와 늑대들의 먹이로 던져 줄 것이다. 이스라엘에 참으로
놀라우신 하나님이 계심을 온 땅이 알게 될 것이다. **하나님**
께서는 칼이나 창으로 구원하는 분이 아니심을 여기 모인
모든 사람이 깨닫게 될 것이다. 전투는 **하나님**께 속한 것이
니, 그분께서 너희를 우리 손에 손쉽게 넘겨주실 것이다.”

48-49 블레셋 사람은 그 말에 자극을 받아 다윗 쪽으로 걸음
을 뗐다. 다윗은 전열에서 벗어나 블레셋 사람 쪽으로 달려
갔다. 그는 배낭 주머니에서 돌을 꺼내 물매로 힘껏 던졌다.
돌이 날아가 블레셋 사람의 이마를 세게 맞혔다. 그리고 그
대로 깊이 박혀 버렸다. 블레셋 사람이 땅바닥에 얼굴을 박
고 맥없이 쓰러졌다.

50 그렇게 해서 다윗은 물매와 돌 하나로 블레셋 사람을 이
겼다. 그를 쳐서 죽인 것이다. 그에게 칼은 필요 없었다!

51 다윗은 블레셋 사람에게로 달려가 그를 밟고 선 뒤, 거인
의 칼집에서 칼을 뽑아 그의 목을 베었다. 그것으로 끝이었
다. 블레셋 사람은 자기들의 위대한 장수가 한순간에 죽는
광경을 보고, 뿔뿔이 흩어져 필사적으로 도망쳤다.

52-54 이스라엘과 유다 사람들이 일어나 소리쳤다! 그들은 멀
리 가드 경계와 에그론 성문까지 블레셋 사람을 추격했다.
사아라임 길을 따라서 가드와 에그론에 이르기까지 부상당
한 블레셋 사람이 곳곳에 널브러졌다. 이스라엘 백성은 추
격을 마치고 돌아와 블레셋의 진을 약탈했다. 다윗은 그 블
레셋 사람의 머리를 취하여 예루살렘으로 가져갔다. 그러나

거인의 무기는 자신의 장막 안에 두었다.

❖

⁵⁵ 사울은 다윗이 나가 블레셋 사람에게 맞서는 것을 보고 군사령관 아브넬에게 말했다. "저 젊은이는 어느 가문 사람이오?"

아브넬이 말했다. "왕이시여, 황공하오나 저도 아는 바가 없습니다."

⁵⁶ 왕이 말했다. "그렇다면 저 젊은이의 집안에 대해 알아보시오."

⁵⁷ 다윗이 블레셋 사람을 죽이고 돌아오자마자, 아브넬이 곧장 그를 사울 앞으로 데려갔다. 블레셋 사람의 머리가 그때까지 그의 손에 들려 있었다.

⁵⁸ 사울이 그에게 물었다. "젊은이, 자네는 누구의 아들인가?"

다윗이 말했다. "저는 베들레헴에 사는 주인님의 종 이새의 아들입니다."

### 요나단과 다윗

**18** ¹ 다윗이 사울에게 보고하는 모습을 본 요나단은 그에게 깊은 인상을 받았다. 두 사람은 곧 끈끈한 우정을 나누는 사이가 되었다. 요나단은 다윗에게 마음을 다했고, 그 이후로 다윗의 첫째가는 조력자이자 친구가

되었다.

² 사울은 그날 다윗을 집안 식구로 받아들이고, 다시 아버지의 집으로 돌아가지 못하게 했다.

³⁻⁴ 요나단은 다윗을 깊이 아끼는 마음에서 그와 언약을 맺었다. 그리고 언약의 증표로 격식을 갖춘 선물을 주었다. 왕자의 겉옷과 갑옷, 칼, 활, 허리띠 등의 무기였다.

⁵ 다윗은 사울이 무슨 일을 맡기든지 그 일을 아주 잘 해냈다. 다윗이 일을 너무나 잘하자 사울은 그에게 군대의 작전권까지 맡겼다. 일반 백성뿐 아니라 사울의 신하들까지도 모두 다윗의 지도력을 인정하고 칭찬했다.

⁶⁻⁹ 다윗이 블레셋 사람을 죽이고 나서 무리가 집으로 돌아올 때, 이스라엘 모든 마을에서 여인들이 쏟아져 나와 노래하고 춤추면서, 탬버린과 흥겨운 노래와 비파로 사울 왕을 환영했다. 여인들은 흥에 겨워 즐겁게 노래했다.

사울은 수천 명을 죽이고
다윗은 수만 명을 죽인다!

그 말에 사울은 몹시 화가 났다. 사울은 그것을 자신을 무시하는 말로 받아들였다. 그는 "백성이 다윗에게는 '수만 명'의 공을 돌리면서, 내게는 '수천 명'의 공만 돌리니, 자칫하다가는 그에게 이 나라를 빼앗기겠구나!" 하고 말했다. 그때부터 사울은 다윗을 경계했다.

10-11 이튿날, 하나님께서 보내신 어둡고 우울한 기운이 사울을 괴롭혔다. 사울은 거의 제정신이 아닌 상태로 떠들어 댔다. 다윗은 으레 하던 대로 하프를 연주했다. 사울의 손에 창이 들려 있었는데, 그가 갑자기 "다윗을 벽에 박아 버리겠다" 생각하고는 그에게 창을 던졌다. 다윗이 몸을 피하여 창은 빗나갔다. 그런 일이 두 번이나 있었다.

12-16 사울은 다윗이 두려워졌다. **하나님**께서 사울을 떠나 다윗과 함께 계시는 것이 너무나 분명했다. 그래서 사울은 다윗을 군지휘관으로 임명해 자기 눈에 띄지 않는 곳으로 보내 버렸다. 다윗은 자주 전쟁에 나갔다. 그가 하는 일마다 다 잘되었다. 참으로 **하나님**께서 그와 함께 계셨다. 다윗이 번번이 성공하는 것을 보고, 사울은 더욱 두려워졌다. 그의 눈에는 임박한 재앙의 조짐이 훤히 보였다. 그러나 이스라엘과 유다의 모든 사람은 다윗을 사랑했다. 그들은 그가 하는 일을 즐겁게 지켜보았다.

17 하루는 사울이 다윗에게 말했다. "내 맏딸 메랍을 자네에게 아내로 주고 싶네. 나를 위해 용감하고 담대하게 **하나님**의 싸움을 싸워 주게!" 사울은 "블레셋 사람이 나 대신에 다윗을 죽일 것이다. 굳이 내 손으로 그를 칠 필요가 없다"는 생각을 품고 있었다.

18 다윗이 당황하여 대답했다. "진심이십니까? 저는 보잘것

없는 집안 출신입니다! 제가 어떻게 왕의 사위가 될 수 있겠습니까."

¹⁹ 결혼식 날이 정해져 메랍과 다윗이 결혼할 날이 다가오자, 사울은 약속을 어기고 메랍을 므홀랏 사람 아드리엘과 결혼시켰다.

²⁰⁻²¹ 한편, 사울의 딸 미갈이 다윗을 사랑하고 있었다. 이것을 전해 들은 사울은 마침 잘됐다는 듯 음흉한 미소를 지었다. "두 번째 기회다. 미갈을 미끼로 해서, 블레셋 사람이 그를 쉽게 처치할 수 있는 곳으로 내보내야겠다." 사울은 다시 다윗에게 "내 사위가 되어 주게" 하고 말했다.

²² 사울이 신하들에게 지시했다. "다윗을 따로 불러 '왕께서 그대를 아주 좋아하고 왕궁 안의 모든 사람도 그대를 사랑하니, 어서 왕의 사위가 되시오!' 하고 말해 주시오."

²³ 왕의 신하들이 다윗에게 그대로 전했으나, 다윗은 망설였다. "무슨 말씀입니까? 그렇게는 못합니다. 나는 보잘것없는 사람이라 드릴 게 아무것도 없습니다."

²⁴⁻²⁵ 신하들이 다윗의 반응을 보고하자, 사울은 그들을 시켜 다윗에게 이렇게 말하게 했다. "왕께서는 그대에게 돈을 바라지 않으시오. 다만 그대가 가서 블레셋 사람 백 명을 죽이고 왕을 대신해서 복수했다는 증거를 가져오기를 바라신다오. 왕의 원수들에게 원수를 갚으시오." (사울은 다윗이 전투 중에 죽기를 바랐다.)

²⁶⁻²⁷ 이 말을 듣고서 다윗은 기뻤다. 왕의 사위가 될 자격

을 얻기 위해 자기가 할 수 있는 일이 생겼기 때문이다! 그는 지체하지 않고 곧바로 나갔다. 다윗은 부하들과 함께 블레셋 사람 백 명을 죽이고 자루에 증거를 담아 와 왕 앞에서 그 수를 세었다. 사명을 완수한 것이다! 사울은 딸 미갈을 다윗과 결혼시켰다.

28-29 **하나님**께서 다윗과 함께 계신다는 것과 미갈이 그를 얼마나 사랑하는지 알면 알수록, 다윗을 향한 사울의 두려움은 더 커져 갔고 결국에는 증오로 굳어졌다. 사울은 다윗을 증오했다.

30 블레셋 장군들이 싸우러 나올 때마다 다윗이 나서서 그들과 맞섰다. 그는 싸움에서 승리했고 사울의 부하들 가운데서 단연 돋보였다. 다윗의 이름이 모든 사람의 입에 오르내렸다.


# 19

1-3 사울은 아들 요나단과 자기 신하들을 불러 다윗을 죽이라고 지시했다. 그러나 요나단은 다윗을 아꼈으므로, 그를 찾아가 조심하라고 일러 주었다. "아버지께서 자네를 죽일 방법을 찾고 있네. 그러니 이렇게 하게. 내일 아침에 들판에 나가 숨게. 자네가 숨어 있는 곳 부근으로 내가 아버지를 모시고 나가겠네. 그리고 아버지에게 자네 이야기를 할 테니, 그분이 뭐라고 말씀하시는지 들어 보세. 그 후에 내가 해결책을 일러 주겠네."

4-5 요나단은 아버지 앞에서 다윗 이야기를 꺼내며 그에 대해 좋게 말했다. "부디 다윗을 해치지 마십시오. 그가 아버지께 잘못한 일이 없지 않습니까? 지금까지 그가 행한 좋은 일들을 봐 주십시오! 그는 목숨을 걸고 블레셋 사람을 죽였습니다. 그날 **하나님**께서 이스라엘에 얼마나 큰 승리를 주셨습니까! 아버지도 그 자리에 계셨습니다. 아버지도 보시고서 일어나 다른 모든 사람과 함께 손뼉을 치며 기뻐하셨습니다. 그런데 어째서 아무 이유도 없이 다윗을 죽여, 무고한 사람에게 죄를 범할 생각을 하십니까?"

6 사울이 요나단의 말을 듣고 말했다. "네 말이 옳다. **하나님**께서 살아 계심을 두고 맹세하는데, 다윗은 살 것이다. 죽임을 당하지 않을 것이다."

7 요나단이 사람을 보내 다윗을 불러서 그 말을 모두 전했다. 그리고 다윗을 다시 사울에게 데려갔다. 모든 것이 전과 같아졌다.

8 다시 전쟁이 나자, 다윗이 나가서 블레셋 사람과 싸웠다. 그는 블레셋을 쳐서 크게 이겼고, 그들은 필사적으로 도망쳤다.

9-10 그런데 하나님께서 보내신 어둡고 우울한 기운이 사울을 덮쳐 그를 사로잡았다. 그때 사울은 손에 창을 들고 왕궁에 앉아 있었고, 다윗은 음악을 연주하고 있었다. 갑자기 사울이 다윗에게 창을 꽂으려 했으나 다윗이 피했다. 창은 벽

에 박혔고 다윗은 도망쳤다. 밤에 일어난 일이었다.

11-14 사울은 다윗의 집으로 사람들을 보내어, 그의 집을 잘 감시하고 있다가 날이 밝는 대로 그를 죽이라고 시켰다. 그러나 다윗의 아내 미갈이 그에게 사태를 알렸다. "서두르세요. 이 밤에 몸을 피하지 않으면 내일 아침 죽게 됩니다!" 미갈은 창문으로 다윗을 내보냈고, 다윗은 무사히 도망쳤다. 그런 다음 미갈은 가짜 신상을 가져다가 침대에 뉘어 놓고는, 그 머리에 염소털 가발을 씌우고 이불을 덮었다. 사울의 부하들이 다윗을 잡으러 오자, 미갈이 말했다. "그이는 지금 아파서 누워 있어요."

15-16 사울이 부하들을 다시 보내며 지시했다. "침상째로 그를 데려오거라. 내가 직접 그를 죽이겠다." 부하들이 방에 들어가 보니, 침대에는 염소털 가발을 쓴 가짜 신상밖에 없었다!

17 사울은 미갈에게 불같이 화를 냈다. "네가 어찌 이처럼 나를 속일 수가 있느냐? 네가 내 원수와 한편이 되는 바람에 그 자가 도망쳤다!"

18 미갈이 말했다. "그가 저를 위협했습니다. '내가 빠져나갈 수 있게 돕지 않으면 너를 죽이겠다'고 협박했습니다."

다윗은 무사히 도망쳐 라마에 있는 사무엘에게 가서, 그동안 사울이 자기에게 한 일을 모두 말했다. 그와 사무엘은 나욧으로 물러나 숨어 지냈다.

19-20 "다윗이 라마의 나욧에 있다"는 소식이 사울의 귀에 들

어갔다. 그는 다윗을 잡으려고 곧바로 부하들을 보냈다. 그들이 보니, 한 무리의 예언자들이 사무엘의 인도 아래 예언을 하고 있었다. 그런데 갑자기 하나님의 영이 사울의 부하들에게도 임하여, 그들이 예언자들과 함께 큰소리로 마구 고함을 질렀다!

²¹ 그 소식을 보고받은 사울은 부하들을 더 보냈다. 그러자 그들도 곧 예언을 하게 되었다. 사울은 세 번째로 부하들을 보냈는데, 그들도 분별없이 고함을 질러댔다!

²² 참다 못해 사울이 직접 라마로 갔다. 그는 세구에 있는 큰 우물에 이르러 물었다. "사무엘과 다윗이 어디 있느냐?"

지나가던 사람이 말했다. "저기 라마의 나욧에 있습니다."

²³⁻²⁴ 사울이 라마의 나욧으로 향하자, 하나님의 영이 그에게도 임했다. 나욧에 이르기까지 그는 넋을 잃고 중얼거렸다! 옷을 벗고 그곳에 누워 하루 동안 밤낮으로 사무엘 앞에서 뜻 모를 말을 늘어놓았다. 사람들은 "사울이 예언자가 되다니! 누가 짐작이나 했겠는가?" 하며 오늘까지도 그 일을 이야기한다.

**하나님의 언약으로 맺어진 우정**

# 20

¹ 다윗이 라마의 나욧에서 빠져나와 요나단에게 갔다. "이제 어찌하면 좋겠나? 내가 자네 아버지에게 무슨 잘못을 저질렀다고 그분이 이렇게까지 나를 죽이려 하시는가?"

² "자네를 죽이시다니, 그런 일은 없을 것이네." 요나단이
말했다. "자네는 잘못한 것이 없네. 그리고 자네는 죽지 않
을 걸세. 절대로 죽지 않을 거야! 아버지는 모든 일을 나에
게 말씀하신다네. 큰일이든 작은 일이든, 나에게 알리지 않
고는 아무 일도 하지 않으시네. 이 일이라고 해서 나 모르게
하시겠는가? 있을 수 없는 일이네."

³ 다윗이 말했다. "자네 아버지는 우리가 절친한 친구 사이
라는 것을 알고 계시네. 그래서 '요나단이 이 일을 알아서는
안된다. 알았다가는 다윗 편을 들 것이다' 하고 생각하셨을
것이네. **하나님**께서 살아 계심과 지금 자네가 내 앞에 살아
있음을 두고 맹세하는데, 틀림없이 자네 아버지는 나를 죽
이기로 작정하셨네."

⁴ 요나단이 말했다. "자네 마음에 있는 것을 말해 보게. 무엇
이든 들어주겠네."

⁵⁻⁸ 다윗이 말했다. "내일은 초하루네. 내가 왕과 함께 저녁
식사를 하도록 예정되어 있는 날이지. 나는 식사에 참석하
지 않고 셋째 날 저녁까지 들판에 숨어 있겠네. 자네 아버지
가 나를 찾으시거든, '다윗이 연례 모임이 있다며 고향 베들
레헴에 가서 가족과 함께 예배를 드릴 수 있겠는지 묻더군
요' 하고 말씀드려 주게. 자네 아버지가 '좋다!'고 하시면, 나
는 무사할 것이네. 하지만 화를 내신다면 그분이 나를 죽이
기로 마음먹은 것을 자네가 확실히 알게 될 것이네. 부디 마
지막까지 내게 충실해 주게. 자네는 나와 **하나님**의 언약을

맺은 사이 아닌가! 내게 잘못이 있다면, 자네가 직접 나를 죽이게. 나를 자네 아버지에게 넘길 까닭이 없지 않은가?"

⁹ "안될 말이네!" 요나단이 소리를 높였다. "나는 절대로 그러지 않을 것이네! 아버지가 자네를 죽이려고 결심했다는 기미가 조금이라도 보이면 바로 자네에게 알리겠네."

¹⁰ 다윗이 물었다. "자네 아버지가 호되게 꾸짖으시면, 누구를 보내어 나에게 알리겠는가?"

¹¹⁻¹⁷ 요나단이 말했다. "밖으로 나가지. 들판으로 가세." 둘이 들판에 있을 때 요나단이 말했다. "**하나님** 이스라엘의 하나님께서 내 증인이시네. 내일 이맘때에 자네에 대한 아버지의 마음이 어떤지 알아내겠네. 그리고 그것을 자네에게 알려 주겠네. 내가 만일 자네를 배반한다면, **하나님**께서 내게 천벌을 내리실 걸세! 내 아버지가 여전히 자네를 죽이실 생각이라면, 자네에게 알려 이곳에서 무사히 벗어나게 하겠네. **하나님**께서 내 아버지와 함께하셨던 것처럼 자네와 함께하시기를 바라네! 만일 내가 이 일이 끝날 때까지 살아 있다면, 계속해서 내 언약의 친구가 되어 주게. 내가 죽는다면, 언약의 우정으로 내 가족을 영원히 지켜 주게나. **하나님**께서 마침내 이 땅에서 자네의 원수들을 없애실 때, 나에 대한 의리를 지켜 주게!" 요나단은 다윗을 향한 사랑과 우정을 다시 한번 맹세했다. 그는 다윗을 자기 목숨보다 더 아꼈다!

¹⁸⁻²³ 요나단이 자신의 계획을 내놓았다. "내일은 초하루니, 자네가 저녁식사에 나타나지 않으면 다들 자네를 찾을 것이

네. 사흘째가 되어 그들이 자네를 더 이상 찾지 않으면, 자
네는 전에 숨었던 곳으로 가서 그 큰 바위 옆에서 기다리게.
내가 바위 쪽으로 화살을 세 번 쏘겠네. 그런 다음 종을 보
내면서 '가서 화살을 찾으라'고 할 텐데, 내가 종에게 '화살
이 이쪽에 있으니, 가져오라!'고 외치면, 자네가 무사히 돌
아와도 좋다는 신호로 알게. **하나님**께서 살아 계심을 두고
맹세하는데, 두려워할 것 하나도 없네! 그러나 내가 '화살이
더 멀리 나갔다!'고 외치면, 서둘러 도망치게. **하나님**께서
자네가 여기서 벗어나기를 원하시는 것이네! 지금까지 우
리가 의논한 모든 것에 대해 **하나님**께서 마지막까지 우리와
함께하심을 잊지 말게!"

²⁴⁻²⁶ 다윗은 들판에 숨었다. 초하루 절기가 되자 왕이 식사
를 하려고 식탁에 앉았다. 그는 늘 앉던 대로 벽 쪽 자리에
앉았고 요나단은 식탁 맞은편에, 아브넬은 사울 옆에 앉았
다. 그러나 다윗의 자리는 비어 있었다. 그날 사울은 그것에
대해 아무 말도 하지 않았다. "그에게 뭔가 부정한 일이 생
긴 거겠지. 아마 부정해져서 거룩한 식사를 못하는 거겠지"
하고 생각했다.

²⁷ 그러나 초하루 다음 날인 명절 이틀째에도 다윗의 자리는
비어 있었다. 사울이 아들 요나단에게 물었다. "이새의 아들
은 어디 있느냐? 어제도 오늘도 우리와 함께 먹지 않는구나."
²⁸⁻²⁹ 요나단이 말했다. "다윗이 제게 베들레헴에 가게 해달
라고 특별히 부탁했습니다. '고향의 가족 모임에 참석할 수

있게 해주십시오. 저의 형들이 제게 당부했습니다. 괜찮으
시다면, 가서 형들을 보게 해주십시오' 하더군요. 그래서 이
자리에 참석하지 못한 겁니다."

30-31 사울은 요나단에게 불같이 화를 냈다. "이 더러운 계집
의 자식아! 네가 이새의 아들과 한통속이 되어, 너와 네 어
미 둘 다를 욕되게 하고 있는 것을 내가 모르는 줄 아느냐?
이새의 아들이 이 땅을 활보하고 다니는 한, 이 나라에서 너
의 장래는 보장할 수 없다. 어서 가서 그를 잡아 이리로 끌
고 오너라. 이 순간부터 그놈은 죽은 목숨이나 다름없다!"

32 요나단이 아버지에게 대들었다. "죽은 목숨이라니요? 다
윗이 무엇을 잘못했다고 그러십니까?"

33 사울은 창을 던져 그를 죽이려고 했다. 이로써 요나단은
아버지가 다윗을 죽이려 한다는 것을 확실히 알았다.

34 요나단은 잔뜩 화가 나서 식사 자리에서 뛰쳐나갔고, 하
루 종일 아무것도 먹지 않았다. 다윗 생각에 마음이 아팠고,
아버지에게 당한 모욕 때문에 속이 상했다.

35-39 이튿날 아침, 요나단은 다윗과 약속한 대로 어린 종을
데리고 들판으로 갔다. 그가 종에게 말했다. "달려가서 내
가 쏘는 화살을 가져오너라." 어린 종이 달려가자, 요나단
은 그 종보다 한참 앞쪽으로 화살을 쏘았다. 어린 종이 화살
이 날아간 곳에 이르자, 요나단은 "화살이 더 멀리 나가지
않았느냐?"고 외쳤다. 그러면서 "어서! 서둘러라! 거기 그
냥 서 있지 말고!" 하고 외쳤다. 요나단의 어린 종은 화살을

주워 주인에게 가져왔다. 그러나 그 어린 종은 무슨 일인지 전혀 몰랐다. 오직 요나단과 다윗만이 그 일을 알았다.

⁴⁰⁻⁴¹ 요나단은 화살집과 활을 어린 종에게 주어 성읍으로 돌려보냈다. 종이 가고 나자, 다윗은 숨어 있던 바위 옆에서 일어섰다가 얼굴을 땅에 대고 엎드렸다. 그렇게 그는 세 번을 절했다! 그리고 나서 그들은 친구와 친구로 서로 입을 맞추고 울었는데, 다윗이 더 서럽게 울었다.

⁴² 요나단이 말했다. "평안히 가게! '**하나님**께서 나와 자네 사이에, 내 자녀와 자네 자녀 사이에 영원한 보증이 되실 것이네!' 우리 둘은 **하나님**의 이름으로 우정을 맹세하지 않았나."

**다윗이 사울을 피하여 도망치다**

# 21

¹ 다윗은 길을 떠나고 요나단은 성읍으로 돌아갔다.

다윗은 놉에 있는 제사장 아히멜렉에게 갔다. 아히멜렉이 나가서 다윗을 맞으며 크게 놀랐다. "일행도 없이 혼자 오다니 대체 무슨 일입니까?"

²⁻³ 다윗은 제사장 아히멜렉에게 대답했다. "왕이 내게 임무를 맡겨 보내시면서 '이것은 중요한 비밀이니, 아무에게도 알리지 말라'고 엄명을 내리셨습니다. 내 부하들과 정해진 장소에서 만나기로 했습니다. 이곳에 먹을 것이 좀 있습니까? 빵 다섯 덩이 정도 구할 수 있는지요? 무엇이든 있는 대로 주십시오!"

4 제사장이 말했다. "보통 빵은 없고 거룩한 빵만 있습니다. 그대의 부하들이 며칠 사이에 여자와 잠자리한 적이 없다면, 가져가도 좋습니다."

5 다윗이 말했다. "우리 가운데 누구도 여자를 가까이하지 않았습니다. 나는 임무를 수행할 때면, 부하들이 여자와 잠자리를 하지 못하게 합니다. 보통 임무를 맡을 때도 그렇게 하는데, 이번 거룩한 임무에는 말할 것도 없지요."

6 그래서 제사장은 거룩한 빵을 내주었다. 그것은 새 빵을 차려 놓으면서 하나님 앞에서 물려 낸 임재의 빵이었는데, 그에게 있는 음식이 그것뿐이었기 때문이다.

7 사울의 신하 가운데 한 사람이 그날 서원을 지키려고 그곳에 있었는데, 그는 에돔 사람 도엑으로 사울의 목자 가운데 우두머리였다.

8 다윗이 아히멜렉에게 물었다. "이곳에 혹시 창이나 칼이 있습니까? 왕의 명령이 너무 급해서 서둘러 떠나느라 무기를 챙길 겨를이 없었습니다."

9 제사장이 말했다. "그대가 상수리나무 골짜기에서 죽인 블레셋 사람 골리앗의 칼이 여기 있습니다! 천에 싸서 에봇 뒤에 두었습니다. 갖고 싶으면 가져가십시오. 그것 말고 다른 무기는 없습니다."

10-11 다윗이 말했다. "그만한 칼이 어디 또 있겠습니까! 그것을 저에게 주십시오!"

그 말을 마지막으로 다윗은 그곳을 급히 빠져나와 사울을 피해 필사적으로 도망쳤다. 그는 가드 왕 아기스에게 갔다. 아기스의 신하들이 그를 보고 말했다. "이 자는 그 유명한 다윗이 아닙니까? 사람들이 춤추면서 노래했던 그 사람 말입니다.

사울은 수천 명을 죽이고
다윗은 수만 명을 죽인다!"

12-15 다윗은 자신의 정체가 들통 난 것을 알고 당황했다. 그는 가드 왕 아기스에게 최악의 일을 당할까 두려웠다. 그래서 그들이 보는 앞에서 미친 척하며 머리를 성문에 찧고 나서, 입에 거품을 물고 수염에 침을 흘렸다. 아기스가 그 모습을 보고 신하들에게 말했다. "미친 자인 줄 보면 모르느냐? 너희가 어째서 이 자를 이곳에 들였느냐? 내가 참고 견뎌야 할 미친 자들이 부족해서 하나를 더 데려왔느냐? 이 자를 당장 내쫓아라!"

### 사울이 하나님의 제사장들을 죽이다

**22** 1-2 다윗은 도망쳐 아둘람 굴로 피했다. 그의 형들을 비롯해서 그의 집안과 관계된 사람들이 그가 그곳에 있다는 소식을 듣고 내려와 합류했다. 뿐만 아니라 인생의 낙오자들—온갖 실패한 사람과 부랑자와 부적응자들—도 모두 그의 곁으로 모여들었다. 다윗은 그들의 지

도자가 되었는데, 모두 사백 명쯤 되었다.

3-4 그 후에 다윗은 모압 땅 미스바로 갔다. 그는 모압 왕에게 간청했다. "저를 향한 하나님의 계획이 무엇인지를 제가 알게 될 때까지, 제 아버지와 어머니가 피할 곳을 허락해 주십시오." 다윗은 부모를 모압 왕에게 맡겼다. 다윗이 숨어 지내는 동안 그의 부모는 그곳에 머물렀다.

5 예언자 갓이 다윗에게 말했다. "굴로 돌아가지 말고 유다로 가십시오." 다윗은 그가 말한 대로 헤렛 숲으로 갔다.


6-8 사울이 다윗과 그 부하들의 행방에 대해 전해 들었다. 그때 그는 기브아 산 위에 있는 큰 상수리나무 아래서 손에 창을 들고 앉아, 신하들에게 둘러싸인 채로 회의를 열고 있었다. 그가 말했다. "이 베냐민 사람들아, 잘 들어라! 행여 이새의 아들에게 너희의 미래를 의탁할 생각은 아예 하지도 마라! 그가 너희에게 가장 좋은 땅을 내주고 너희 모두를 요직에 앉혀 줄 것 같으냐? 생각을 고쳐먹어라. 지금 너희는 작당하여 내 등 뒤에서 숙덕거리고 있다. 내 아들이 이새의 아들과 내통하고 있는데도, 그것을 내게 고하는 자가 하나도 없다. 내 아들이 그 반역자를 편들고 있는데도, 신경 써서 그것을 내게 고하는 자가 너희 중에 하나도 없다!"

9-10 그때 사울의 신하들과 함께 서 있던 에돔 사람 도엑이 말했다. "제가 놉에서 이새의 아들과 아히둡의 아들 아히멜렉이 만나는 것을 보았습니다. 아히멜렉이 그와 함께 기도

하며 하나님의 인도하심을 구하고, 그에게 먹을 것을 주고, 블레셋 사람 골리앗의 칼을 주는 것을 제가 보았습니다."

¹¹ 사울이 사람을 보내 아히둡의 아들 제사장 아히멜렉과 놉에 있는 그의 집안 제사장들을 모두 불러들였다. 그들 모두가 왕 앞에 나왔다.

¹² 사울이 말했다. "아히둡의 아들아, 내 말을 들어라!"

"예, 왕이시여." 그가 말했다.

¹³ "너는 어찌하여 이새의 아들과 한패가 되어 나를 대적했느냐? 어찌하여 그에게 빵과 칼을 주고, 그와 함께 기도하여 하나님의 인도하심을 구하고, 그를 반역자로 세워 나를 해치게 했느냐?"

¹⁴⁻¹⁵ 아히멜렉이 왕에게 대답했다. "왕의 수하에 왕의 사위이자 경호대 대장인 다윗만큼 충실한 신하가 없고, 그보다 훌륭한 사람도 없습니다. 제가 그와 함께 기도하여 하나님의 인도하심을 구한 것이, 그때가 처음입니까? 아닙니다! 저나 저의 집안에 어떤 죄도 씌우지 마십시오. '반역자'라 하시는 말씀이 무슨 뜻인지 도무지 모르겠습니다."

¹⁶ 왕이 말했다. "아히멜렉아, 너는 죽어 마땅하다! 너와 네 집안 사람 모두 죽을 것이다!"

¹⁷ 왕이 심복들에게 명령했다. "하나님의 제사장들을 에워싸고 모두 죽여라! 저들은 다윗과 한편이다. 저들은 다윗이 나를 피하여 달아나는 줄 알면서도 내게 알리지 않았다." 그러나 그들은 제사장들을 죽이려 하지 않았다. 하나님의 제

사장들에게 손을 대고 싶지 않았던 것이다.

18-19 그러자 왕이 도엑에게 말했다. "네가 제사장들을 죽여
버려라!" 에돔 사람 도엑이 앞장서서 거룩한 옷을 입은 제
사장 여든다섯 명을 쳐서 죽였다. 이어서 사울은 제사장들
의 성읍인 놉에까지 학살의 손길을 뻗었다. 남자와 여자, 어
린아이와 아기, 소와 나귀와 양 할 것 없이 모조리 죽였다.

20-21 아히둡의 손자요 아히멜렉의 아들인 아비아달만이 겨
우 몸을 피해 달아났다. 그는 도망쳐 다윗에게 가서 그와 한
편이 되었다. 아비아달은 사울이 **하나님**의 제사장들을 살해
한 일을 다윗에게 전했다.

22-23 다윗이 아비아달에게 말했다. "그럴 줄 알았소. 내가 그
날 거기서 에돔 사람을 보았는데, 그가 사울에게 말할 줄 알
았소. 그대 아버지 집안의 사람들이 몰살당한 것은 내 탓이
오. 여기서 나와 함께 있으시오. 두려워하지 마시오. 그대를
죽이려는 자는 내 목숨을 노리는 자이기도 하니, 내 곁에 있
으시오. 내가 그대를 지켜 주겠소."

**다윗이 광야에서 숨어 지내다**

# 23

1-2 블레셋 사람이 그일라를 습격하여 곡물을 약
탈하고 있다는 보고가 다윗에게 들어갔다. 다윗
은 **하나님**께 기도했다. "제가 이 블레셋 사람을 추격해 응징
해도 되겠습니까?"

**하나님**께서 말씀하셨다. "가거라. 블레셋 사람을 공격하여

그일라를 구하여라."

³ 그러나 다윗의 부하들이 말했다. "우리는 여기 유다에서 도 목숨을 잃을까 두려워하며 살고 있습니다. 그런데 어떻 게 블레셋 사람이 득실대는 그일라로 갈 생각을 하십니까?"
⁴ 그래서 다윗은 다시 **하나님**께 나아가 기도했다. **하나님**께 서 말씀하셨다. "가거라. 그일라로 가거라. 내가 블레셋 사 람을 네 손에 넘겨주겠다."

⁵⁻⁶ 다윗과 그의 부하들은 그일라로 가서 블레셋 사람과 싸웠 다. 그들은 블레셋 사람의 가축을 사방으로 흩어 놓았고 그 들을 크게 물리쳐 그일라 백성을 구했다. 다윗에게 피해 있 던 아비아달도 에봇을 가지고 나와 그일라 공격에 가세했다.

⁷⁻⁸ 다윗이 그일라로 갔다는 말을 듣고 사울은 생각했다. "잘 됐다! 하나님께서 그를 통째로 내게 넘겨주시는구나! 사방 이 성벽으로 막힌 성 안에서 문까지 잠겼으니, 그는 이제 독 안에 든 쥐다!" 사울은 다윗과 그의 부하들을 포위하려고 군대를 소집하여 그일라로 향했다.

⁹⁻¹¹ 다윗은 자기를 멸하려는 사울의 전략을 전해 듣고 제사 장 아비아달에게 "에봇을 가져오시오" 하고 일렀다. 그리고 **하나님**께 기도했다. "이스라엘의 하나님, 방금 사울이 저를 잡으려고 그일라로 와서 이 성을 쳐부수려 한다는 소식을 들었습니다. 그일라 성읍의 원로들이 저를 그의 손에 넘겨 주겠습니까? 정말 사울이 내려와 제가 들은 내용대로 실행

하겠습니까? **하나님** 이스라엘의 하나님, 제게 알려 주십시오!"

**하나님**께서 대답하셨다. "그가 내려올 것이다."

¹² "그럼 그일라의 지도자들이 저와 제 부하들을 사울의 손에 넘겨주겠습니까?"

**하나님**께서 말씀하셨다. "그들이 너를 넘겨줄 것이다."

¹³ 그래서 다윗과 그의 부하들은 그곳을 **빠져나왔다**. 그들의 수는 육백 명 정도 되었다. 그들은 그일라를 떠나 이동했다. 이곳저곳을 다니며 계속해서 이동했다.

사울은 다윗이 그일라에서 피했다는 말을 듣고 기습 계획을 취소했다.

¹⁴⁻¹⁵ 다윗은 사막의 은신처와 변경의 십 광야 산지에 계속 머물렀다. 사울은 날마다 그를 찾아다녔으나, 하나님께서 다윗을 그의 손에 넘겨주지 않으셨다. 사울이 다윗의 목숨을 노리고 뒤쫓기로 작정한 것이 분명해지자, 다윗은 사울의 손이 미치지 않는 곳, 십 광야의 호레스에 숨었다.

¹⁶⁻¹⁸ 사울의 아들 요나단이 호레스로 다윗을 찾아와서, 하나님 안에서 그를 위로하며 말했다. "절망하지 말게. 내 아버지 사울은 자네에게 해를 입힐 수 없네. 자네는 이스라엘의 왕이 될 것이고, 나는 자네 곁에서 도울 것이네. 내 아버지도 그것을 알고 있다네." 그리하여 두 사람은 **하나님** 앞에서 언약을 맺었다. 다윗은 호레스에 남고 요나단은 집으로 돌

아갔다.

19-20 십 사람 가운데 몇 명이 기브아로 사울을 찾아와서 말
했다. "다윗이 우리 지역 근처의 호레스 굴과 계곡에 숨어
있는 사실을 알고 계십니까? 지금 그는 여시몬 남쪽에 있는
하길라 산에 있습니다. 그러니 언제든 왕께서 내려오실 준
비가 되면 말씀해 주십시오. 그를 왕의 손에 넘겨드리는 것
을 우리의 영광으로 알겠습니다."

21-23 사울이 말했다. "그대들이 이처럼 나를 생각해 주니 하
**나님**께서 그대들에게 복 주시기를 비오! 이제 돌아가서 모
든 것을 살펴 두시오. 그의 일과를 파악하고, 그가 어디로
다니며 누구와 함께 있는지 동태를 관찰하시오. 그는 아주
약삭빠르오. 그가 숨은 곳들을 모두 정탐한 다음, 나곤으로
나를 찾아오시오. 그때 내가 당신들과 함께 가겠소. 유다의
어느 지역이든 그를 찾기만 하면 내가 당장 달려갈 것이오!"

24-27 그래서 십 사람들은 사울을 위한 정찰에 착수했다.
그때에 다윗과 그의 부하들은 여시몬 남쪽 사막인 마온
광야에 있었는데, 사울과 그의 부하들이 도착하여 수색
을 시작했다. 다윗은 그 소식을 듣고 남쪽 바위산으로 피
해 마온 광야에서 야영했다. 그가 어디 있는지 전해 들은
사울은 그를 쫓아 마온 광야로 왔다. 사울은 산 이편에 있
고, 다윗과 그의 부하들은 산 저편에 있었다. 사울과 그의
부하들이 포위망을 좁히며 다가오자, 다윗과 그의 부하들

은 후퇴하여 달아났다. 그런데 그때 전령이 사울에게 와
서 말했다. "서둘러 돌아가셔야겠습니다! 블레셋 사람이
공격을 개시했습니다!"

28-29 사울은 다윗 쫓는 일을 중단하고 블레셋 사람과 싸우기
위해 돌아갔다. 그렇게 해서 그곳의 이름을 '구사일생'이라
고 부르게 되었다. 다윗은 그곳을 떠나 엔게디 굴과 협곡에
서 머물렀다.

### 다윗이 사울을 살려 주다

**24** 1-4 블레셋 사람과 싸우다 돌아온 사울은 "다윗
이 지금 엔게디 광야에 있다"는 보고를 들었다.
사울은 온 이스라엘에서 선발한 최정예군으로 세 개 부대를
꾸려, 들염소 바위 지역으로 다윗과 그의 부하들을 찾아 떠
났다. 가다가 길가에 있는 양 우리에 이르렀는데, 마침 그곳
에 굴이 있어 사울이 들어가 용변을 보았다. 다윗과 그의 부
하들은 그 굴 안쪽 깊숙한 곳에 숨어 있었다. 다윗의 부하들
이 낮은 목소리로 다윗에게 말했다. "믿어지십니까? '내가
네 원수를 네 손에 넘겨주겠다. 무엇이든 네 마음대로 행하
여라' 하신 **하나님**의 말씀이 바로 오늘을 두고 하신 말씀입
니다." 다윗은 소리 없이 기어가, 사울의 겉옷자락을 몰래
베었다.

5-7 그는 곧 죄책감이 들어 부하들에게 말했다. "내가 **하나님**
의 기름부음 받은 내 주인에게 이 일을 한 것과, 손가락 하

나라도 들어 그를 치는 것은 **하나님**께서 금하시는 일이다. 그는 **하나님**의 기름부음 받은 자다!" 다윗은 이런 말로 자기 부하들이 사울에게 덤벼들지 못하게 막았다. 사울은 일어나 굴에서 나가, 가던 길을 계속해서 갔다.

8-13 잠시 후에 다윗이 굴 입구에 서서 사울을 불렀다. "내 주인인 왕이시여!" 사울이 뒤돌아보았다. 다윗은 무릎을 꿇고 공손히 절했다. 그리고 큰소리로 말했다. "왕께서는 어째서 '다윗이 왕을 해치려 한다'는 사람들의 말을 들으십니까? 오늘 **하나님**께서 왕을 내 손에 넘겨주셨음을, 지금 왕의 눈으로 보고 계십니다. 부하들은 내가 왕을 죽이기를 바랐으나, 나는 그렇게 하지 않았습니다. 나는 그들에게, **하나님**의 기름부음을 받은 내 주인을 내 손으로 치지 않겠다고 말했습니다. 내 아버지여, 이것을 보십시오. 내가 베어 낸 왕의 옷자락입니다. 나는 왕을 베어 죽일 수도 있었지만, 그렇게 하지 않았습니다. 여기 증거를 보십시오! 나는 왕을 대적하지 않습니다. 나는 반역자도 아닙니다. 지금까지 한 번도 왕께 죄를 지은 적이 없습니다. 그런데도 왕께서는 나를 죽이려고 쫓아다니십니다. 우리 중에 누가 옳은지 판단해 보십시오. **하나님**께서 내 원수를 갚아 주실지라도, 그것은 그분의 일이지 나의 계획이 아닙니다. 옛말에 '악한 자에게서 악한 행동이 나온다'고 했습니다. 내 손으로 절대 왕을 해치지 않을 테니 안심하십시오.

14-15 이스라엘의 왕이 도대체 무엇을 하고 계신 것입니까?

누구를 쫓고 계십니까? 죽은 개요 벼룩 아닙니까? **하나님**께서 우리의 재판장이십니다. 누가 옳은지 그분께서 판단하실 것입니다. 그분께서 지금 굽어보시고 당장 판단해 주시면 좋겠습니다. 그래서 나를 왕에게서 해방시켜 주시면 좋겠습니다!"

16-21 다윗이 말을 마치자, 사울은 "이것이 정녕 내 아들 다윗의 목소리냐?" 하면서 눈물을 흘리며 크게 울었다. 그리고 말을 이었다. "너는 옳은데, 나는 그렇지 않구나. 너는 내게 많은 선을 베풀었는데, 나는 네게 악을 쏟아부었다. 이번에도 너는 나를 너그러이 대했다. **하나님**께서 나를 네 손에 넘겨주셨는데도 나를 죽이지 않았다. 왜 그랬겠느냐? 제 원수를 만난 사람이 그를 축복하며 그냥 보내겠느냐? **하나님**께서 네가 오늘 내게 한 일을 보시고 네게 복에 복을 더하시기를 빈다! 네가 왕이 되어 다스릴 것을 이제 나는 의심치 않는다. 이스라엘 나라는 이미 네 손안에 있다! 이제 너는 내 집안 사람들을 다 죽이거나 명부에서 내 이름을 없애지 않겠다고 **하나님**의 이름으로 약속해 다오."

22 다윗이 사울에게 약속했다. 그러자 사울은 집으로 돌아갔고, 다윗과 그의 부하들은 광야에 있는 그들의 피난처로 올라갔다.

# 25

1 사무엘이 죽었다. 온 백성이 장례식에 와서 그의 죽음을 슬퍼했다. 그는 고향 라마에 묻혔다.

한편, 다윗은 다시 이동하여 이번에는 마온 광야로 갔다.

### 다윗과 아비가일

2-3 마온에 어떤 사람이 있었는데, 그는 갈멜 땅에서 자기 일을 하고 있었다. 그는 아주 부자여서 그에게 양이 삼천 마리, 염소가 천 마리가 있었다. 마침 갈멜에 양털을 깎는 철이 돌아왔다. 그는 갈렙 사람으로, 이름은 나발(바보)이고 아내의 이름은 아비가일이었다. 여인은 똑똑하고 아름다웠으나 남편은 잔인하고 야비했다.

4-8 변경에 있던 다윗은, 나발이 양털을 깎는다는 말을 듣고 젊은이 열 명을 보내며 지시했다. "갈멜로 가서 나발을 찾아가거라. 내 이름으로 그에게 이렇게 문안하여라. '평안을 빕니다! 당신에게 생명과 평안이 있기를 바랍니다. 당신의 집안에도 평안, 이곳에 있는 모든 이에게도 평안이 임하길 빕니다! 양털을 깎는 철이라고 들었습니다. 드리고 싶은 말씀은 이것입니다. 당신의 목자들이 우리 근처에서 야영할 때 우리는 그들을 해치지 않았습니다. 우리와 함께 갈멜에 있는 동안에도 그들은 잃은 것이 없습니다. 당신의 젊은 목자들에게 물어보면, 그들이 말해 줄 것입니다. 나는 당신이 내 부하들에게 아량을 베풀어 잔치 음식을 좀 나누어 주었으면 합니다! 무엇이든 내키는 대로 당신의 종들과 당신의 아들인 나 다윗에게 베풀어 주십시오.'"

9-11 다윗의 젊은이들이 나발에게 가서 그의 메시지를 그대

로 전했다. 나발은 그들에게 호통을 쳤다. "다윗이 누구냐? 도대체 이새의 아들이란 자가 누구냐? 요즘 이 땅에는 도망친 종들이 수두룩하다. 내가 한 번도 본 적 없는 자들에게 좋은 빵과 포도주와 양털 깎는 자들에게 주려고 잡은 신선한 고기를 줄 것 같으냐? 어디서 굴러 왔는지도 모르는 자들에게 말이냐?"

12-13 다윗의 부하들이 거기서 나와 다윗에게 돌아가서 나발의 말을 전했다. 다윗이 "너희 모두 칼을 차라!" 하고 명령하니, 그들 모두가 칼을 찼다. 다윗과 그의 부하 사백 명이 길을 떠났고, 이백 명은 뒤에 남아 진을 지켰다.

14-17 그 사이, 젊은 목자들 가운데 한 명이 나발의 아내 아비가일에게 그 일을 알렸다. "다윗이 변방에서 전령들을 보내 주인께 예를 표했으나 주인님은 호통을 치며 그들을 모욕했습니다. 하지만 그들은 우리를 아주 잘 대해 주었습니다. 우리가 들판에 있는 동안 우리 소유를 하나도 빼앗지 않았고 우리를 해치지도 않았습니다. 우리가 밖에서 양을 치는 동안에는 우리 주위에서 밤낮으로 지켜 주었습니다. 주인님과 우리 모두 이제 곧 큰 피해를 입게 되었으니 서둘러 방법을 찾으십시오. 주인께는 아무 말도 할 수 없습니다. 그분은 꽉 막힌 데다 정말 잔인하기까지 합니다!"

18-19 아비가일은 서둘러 행동을 취했다. 그녀는 빵 이백 덩이, 포도주 두 가죽부대, 요리할 수 있게 다듬어 준비한 양다섯 마리, 볶은 곡식 35리터, 건포도 백 뭉치, 무화과 이백

뭉치를 가져다가 모두 나귀에 실었다. 그리고 젊은 종들에게 말했다. "먼저 가서 길을 터놓아라. 내가 곧 뒤따라가겠다." 그러나 남편 나발에게는 알리지 않았다.

20-22 아비가일이 나귀를 타고 골짜기로 내려가고 있는데, 마침 다윗과 그의 부하들이 맞은편에서 내려오고 있었다. 그들은 그 길에서 마주쳤다. 다윗이 막 이렇게 말하고 난 뒤였다. "광야에서 그 자의 모든 소유를 지켜 주어 재산을 하나도 잃지 않게 한 것이 모두 헛된 일이었다. 결국 그가 내게 모욕으로 갚지 않는가. 모욕도 이런 모욕이 없다! 내가 내일 아침까지 나발과 그의 못된 무리 가운데 한 사람이라도 살려 둔다면, 하나님께 어떤 벌이라도 받겠다!"

23-25 아비가일은 다윗을 보자마자, 나귀에서 내려 그의 발 앞에 무릎을 꿇고 얼굴을 땅에 대고 엎드려 경의를 표했다. "내 주인이시여, 모두가 제 잘못입니다! 제가 말씀드리는 것을 허락해 주시고, 제 말에 귀를 기울여 주십시오. 그 잔인한 사람 나발이 한 일에 마음 쓰지 마십시오. 그는 자기 이름처럼 행동하는 사람입니다. 나발은 바보라는 뜻입니다. 그에게서는 미련함이 흘러나옵니다.

25-27 주인께서 보내신 젊은이들이 왔을 때, 제가 그 자리에 없어 그들을 보지 못했습니다. 주인이시여, **하나님**께서 살아 계심과 당신이 살아 계심을 두고 맹세합니다. 이제 **하나님**께서 보복 살인을 하지 못하도록 당신을 막으신 것입니다. 당신의 원수들, 곧 내 주인님을 해치려는 모든 자는 나

발처럼 되기를 원합니다! 이제 당신의 여종이 주인께 가져온 선물을 받으시고, 주님의 뒤를 따르는 젊은이들에게 나누어 주십시오.

28-29 저의 무례함을 용서하십시오! 하지만 **하나님**께서는 내 주인님 안에서 일하시고, 견고하고 확실한 통치를 세우고 계십니다. 내 주인님은 **하나님**의 싸움을 싸우고 계십니다! 주인께서 사시는 날 동안에는 어떤 악도 주인께 달라붙지 못할 것입니다.

누가 당신의 길을 막고
당신을 그 길에서 밀어내려 한다면,
이것을 아십시오. 하나님이 높이시는 당신의 생명은
하나님이 지키시는 생명 주머니에 꼭 싸여 있다는 것을.
그러나 당신 원수들의 생명은
물매로 돌을 던지듯 내던져질 것입니다.

30-31 **하나님**께서 내 주인께 약속하신 모든 선을 이루시고 주인님을 이스라엘의 통치자로 세우실 때에, 내 주인님의 마음속에는 보복 살인으로 인한 무거운 죄책감은 없을 것입니다. **하나님**께서 내 주인님을 위해 일이 잘되게 하시거든, 저를 기억해 주십시오."

32-34 그러자 다윗이 말했다. "**하나님** 이스라엘의 하나님이여, 찬양받으소서. 하나님께서 그대를 보내어 나를 맞이하

게 하셨소! 그대의 분별력에 복이 임하기를 빕니다! 나를 막아 살인하지 못하게 하고, 또 이렇게 앞장서서 나를 찾아 와 준 그대를 축복하오. 하마터면 큰일 날 뻔했소! 그대를 해치지 못하게 나를 막으신 **하나님** 이스라엘의 하나님의 살 아 계심을 두고 맹세하오. 그대가 이렇게 급히 와서 나를 막 지 않았다면, 아침에 나발에게 남은 것은 시체뿐이었을 것 이오."

35 다윗은 그녀가 가져온 선물을 받고 말했다. "평안히 집으 로 돌아가시오. 그대의 말을 잘 알아들었으니, 그대가 요청 한 대로 행할 것이오."

36-38 아비가일이 집에 돌아가서 보니, 나발은 큰 잔치를 베 풀고 있었다. 그는 잔뜩 흥이 난 데다가 흠뻑 취해 있었다. 그녀는 날이 밝을 때까지 자기가 한 일을 그에게 일절 말하 지 않았다. 아침이 되어 나발이 술이 깨자, 그녀는 그 사이 에 있었던 일을 모두 알렸다. 그러자 나발은 곧바로 심장발 작을 일으켜 혼수상태에 빠졌고, 열흘 후에 **하나님**께서 그 를 죽게 하셨다.

39-40 다윗은 나발이 죽었다는 소식을 듣고 말했다. "나발의 모욕 앞에서 내 편이 되어 주시고 나의 악한 행위를 막으셔 서, 나발의 악이 그에게 되돌아가게 하신 **하나님**을 찬양합 니다."

그 후에 다윗은 아비가일에게 사람을 보내, 그녀를 아내로 삼고 싶다는 뜻을 전했다. 다윗의 부하들이 갈멜로 아비가

일을 찾아가서 말했다. "다윗 어른께서 당신을 아내로 삼고
자 하여 모셔 오라고 우리를 보냈습니다."

⁴¹ 아비가일은 일어나 얼굴을 땅에 대고 절하며 말했다. "나
는 당신의 종이니 당신이 원하는 일이면 무엇이든 기꺼이
하겠습니다. 내 주인님을 따르는 종들의 발이라도 씻기겠습
니다!"

⁴² 아비가일은 머뭇거리지 않았다. 그녀는 나귀를 타고 자기
를 시중드는 여종 다섯을 데리고 다윗의 부하들과 함께 다
윗에게 가서 그의 아내가 되었다.

⁴³⁻⁴⁴ 다윗은 이스르엘의 아히노암과도 결혼했다. 두 여인 모
두 다윗의 아내였다. 사울은 다윗의 아내 미갈을 갈림 사람
라이스의 아들 발디(발디엘)에게 시집보냈다.

# 26

¹⁻³ 십 사람 몇 명이 기브아로 사울을 찾아와서
말했다. "다윗이 여시몬 맞은편에 있는 하길라
산에 숨어 있는 것을 아십니까?" 사울은 즉시 일어나 최정
예 부하 삼천 명을 이끌고, 그 황량한 사막에 있는 다윗을
잡으려고 십 광야로 떠났다. 그는 여시몬 맞은편에 있는 하
길라 산길 옆에 진을 쳤다.

³⁻⁵ 아직까지 변경에 머물던 다윗은 사울이 자기를 뒤쫓아
온 것을 알았다. 다윗은 정탐꾼들을 보내어 그가 있는 정확
한 위치를 알아냈다. 그 후에 사울이 진을 친 곳으로 가서,

사울과 그의 군사령관인 넬의 아들 아브넬이 머물고 있는 것을 직접 보았다. 사울은 군대에 둘러싸여 진 안에 안전하게 있었다.

⁶ 다윗은 앞장서며 헷 사람 아히멜렉과 스루야의 아들 요압의 동생인 아비새에게 말했다. "누가 나와 함께 사울의 진에 들어가겠소?"

아비새가 낮은 목소리로 말했다. "제가 가겠습니다."

⁷ 다윗과 아비새가 밤중에 적진에 들어가 보니, 사울이 진 한가운데서 몸을 뻗고 누워 잠들어 있었다. 사울의 머리맡에 그의 창이 꽂혀 있고, 아브넬과 군사들은 그의 주위에서 곤히 자고 있었다.

⁸ 아비새가 말했다. "드디어 때가 왔습니다! 하나님께서 장군의 원수를 장군께 넘겨주셨습니다. 제가 저 창으로 그를 찔러 땅에 박겠습니다. 한 번만 내리꽂으면 됩니다. 두 번도 필요 없습니다!"

⁹ 그러나 다윗은 아비새에게 말했다. "그를 해치지 마라! **하나님**의 기름부음 받은 자에게 해를 입히고 무사할 사람이 누가 있겠느냐?"

¹⁰⁻¹¹ 다윗이 말을 이었다. "**하나님**께서 살아 계심을 두고 맹세하는데, 그분이 그를 치시든지, 때가 되어 그가 집에서 죽든지, 아니면 전투에서 전사할 것이다. 그러나 내 손으로 **하나님**의 기름부음 받은 자를 치는 것은 **하나님**께서 금하시는 일이다. 그의 머리맡에 있는 창과 물병을 가지고 여기서 나

가자."

¹² 다윗은 사울의 머리맡에 있던 창과 물병을 가지고 몰래 빠져나왔다. 보는 사람도, 알아챈 사람도, 잠에서 깬 사람도 없었다! 그 일이 벌어지는 동안 그들은 모두 자고 있었다. **하나님**께서 보내신 깊은 잠이 이불처럼 그들을 덮었다.

¹³⁻¹⁴ 다윗이 맞은편 산으로 건너가 멀찍이 산꼭대기에 섰다. 안전거리를 두고서 그는 건너편의 군대와 넬의 아들 아브넬에게 외쳤다. "아브넬아! 내가 얼마나 기다려야 네가 깨서 내게 대답하겠느냐?"

아브넬이 말했다. "너는 누구냐?"

¹⁵⁻¹⁶ "너는 그곳의 책임자가 아니냐?" 다윗이 말했다. "어찌하여 네 본분을 다하지 않고 있느냐? 군사 하나가 네 주인인 왕을 죽이러 갔는데도, 어찌하여 네 주인인 왕을 지키는 보초가 없었느냐? 무엄하다! **하나님**께서 살아 계심을 두고 맹세하는데, 너와 경호대는 목숨을 잃어 마땅하다. 나에게 있는 것을 보아라. 왕의 머리맡에 있던 왕의 창과 물병이다!"

¹⁷⁻²⁰ 사울이 다윗의 목소리를 알아듣고 말했다. "내 아들 다윗아, 이것이 네 목소리냐?"

다윗이 말했다. "내 주인인 왕이시여, 그렇습니다. 왕께서는 어찌하여 내 목숨을 노리고 쫓으십니까? 내가 무슨 잘못을 했습니까? 무슨 죄를 저질렀습니까? 내 주인인 왕이시여, 왕의 종이 드리는 말에 귀를 기울여 주십시오. 만일 **하나님**께서 왕의 마음을 움직여 나를 치게 하셨다면, 나는 기쁘게 내 목숨을 제물로 바칠 것입니다. 그러나 인간이 벌인 일이라면, 그들은 **하나님** 앞에서 **쫓겨날** 것입니다! 그들은 **하나님**께서 유산으로 주신 땅 가운데 내가 받을 정당한 자리에서 나를 **쫓아**내면서 '여기서 나가라! 가서 다른 신하고 잘해 보아라!' 하고 비웃어 댔습니다. 하지만 왕께서는 나를 그렇게 쉽게 없애지 못할 것입니다. 왕께서는 내가 살아 있을 때든 죽은 다음에든, **하나님**과 나 사이를 갈라놓지 못할 것입니다. 말도 안되는 일입니다! 이스라엘의 왕이 벼룩 한 마리에 집착하시다니요! 메추라기에 지나지 않는 나를 잡기 위해 이렇게 산에까지 **쫓아**오시다니요!"

21 사울이 고백했다. "내가 죄를 지었구나! 내 사랑하는 아들 다윗아, 돌아오거라! 다시는 너를 해치지 않겠다. 오늘 너는 나를 귀히 여겨 내 목숨을 지켜 주었다. 내가 어리석었다. 바보처럼 못나게 굴었구나."

22-24 다윗이 대답했다. "여기, 내가 무엇을 가지고 있는지 보이십니까? 왕의 창입니다. 왕의 신하들 가운데 한 사람을 보내어 가져가게 하십시오. 정의와 신의에 따라 우리 각 사람에 대한 처분을 내리실 분은 **하나님**이십니다. 오늘 **하나님**께서 왕의 목숨을 내 손에 넘기셨지만, 나는 **하나님**의 기름부음 받은 자를 내 손으로 칠 생각이 없었습니다. 오늘 내가 왕의 목숨을 귀하게 여겼듯이 **하나님**께서 내 목숨을 귀하게 여기셔서, 모든 어려움에서 나를 건져 주시기를 바랍니다."

²⁵ 사울이 다윗에게 말했다. "사랑하는 아들 다윗아, 너를 축복한다! 네가 해야 할 일을 하거라! 참으로 네가 하는 모든 일에서 성공하기를 빈다!"

그 후에 다윗은 자기 길로 가고, 사울은 왕궁으로 돌아갔다.

# 27

¹ 다윗은 속으로 생각했다. "조만간에 사울이 나를 잡으러 올 것이다. 내가 할 수 있는 최선은 블레셋 땅으로 피하는 것이다. 그러면 사울은 가망 없다고 생각하며 이스라엘 구석구석에서 나를 쫓는 일을 포기할 것이다. 그렇게 해야 그의 손아귀에서 아주 벗어나게 될 것이다."

²⁻⁴ 다윗은 부하 육백 명과 함께 가드 왕 마옥의 아들 아기스에게로 내려갔다. 그들은 가드로 이주하여 아기스와 함께 그곳에 정착했다. 각자 자기 가족을 데리고 갔다. 다윗도 두 아내 이스르엘 사람 아히노암과 나발의 아내였던 갈멜 사람 아비가일을 데리고 갔다. 사울은 다윗이 가드로 도망했다는 말을 듣고 추적을 멈추었다.

⁵ 그 후에 다윗이 아기스에게 말했다. "왕께서 괜찮으시다면, 지방의 마을들 가운데 하나를 내게 주십시오. 왕의 종에 불과한 내가 왕이 계신 성읍에 자리를 차지하고 있는 것이 옳지 않은 듯합니다."

⁶⁻⁷ 그러자 아기스는 그에게 시글락을 주었다. (그렇게 해서 시글락은 지금처럼 유다의 성읍이 되었다). 다윗은 일 년 넉 달

동안 블레셋 땅에서 살았다.

8-9 다윗과 그의 부하들은 이따금씩 그술 사람, 기르스 사람, 아말렉 사람을 습격했는데, 이들은 오래전부터 수르에서 이집트에 이르는 지역에 거주하고 있었다. 다윗은 한 지역을 공격할 때 남녀 할 것 없이 아무도 살려 두지 않았으나, 양과 소, 나귀, 낙타, 옷 등 나머지 것은 모두 전리품으로 취했다. 그러고 나서 그가 아기스에게 돌아오면,

10-11 아기스는 "오늘은 어디를 습격했소?" 하고 묻곤 했다. 그러면 다윗은 "유다 땅 네겝입니다"라든지 "여라무엘 사람의 네겝입니다", "겐 사람의 네겝입니다" 하고 대답했다. 행여 누구라도 가드에 나타나 다윗이 실제로 무슨 일을 했는지 보고할까 싶어, 그는 단 한 사람도 살려 두지 않았다. 블레셋 땅에 사는 동안 다윗은 늘 그런 식으로 일을 처리했다.

12 아기스는 다윗을 온전히 신임하게 되었다. 아기스는 "그가 이토록 자기 백성에게 미움받을 행동을 했으니 영원히 내 진에 머물 것이다" 하고 생각했다.


# 28

1 그 즈음에 블레셋 사람이 이스라엘과 싸우려고 군대를 소집했다. 아기스가 다윗에게 말했다. "알고 계시오. 그대와 그대의 부하들도 나의 군대와 함께 진격할 것이오."

² 그러자 다윗이 말했다. "좋습니다! 이제 내가 무엇을 할 수 있는지 직접 보시게 될 것입니다."

"잘됐소!" 아기스가 말했다. "내가 그대를 평생 내 경호원으로 삼겠소."

**사울의 기도에 응답하지 않으신 하나님**

³ 사무엘이 이미 죽어서, 온 이스라엘이 그의 죽음을 슬퍼하며 그를 고향 라마에 묻은 뒤였다. 사울은 혼백을 불러내는 자들을 오래전에 깨끗이 없애 버렸다.

⁴⁻⁵ 블레셋 사람이 군대를 소집하여 수넴에 진을 쳤다. 사울은 온 이스라엘을 모아 길보아에 진을 쳤다. 그러나 블레셋 군대를 본 사울은 몹시 두려워 떨었다.

⁶ 사울이 **하나님**께 기도했지만, **하나님**은 꿈이나 표징이나 예언자로도 응답하지 않으셨다.

⁷ 그래서 사울은 신하들에게 지시했다. "내가 조언을 구할 수 있도록 혼백을 불러낼 줄 아는 사람을 찾아내라."

신하들이 말했다. "엔돌에 무당이 한 사람 있습니다."

⁸ 사울은 다른 옷을 입고 변장한 다음, 신하 둘을 데리고 야음을 틈타 그 여인에게 가서 말했다. "나를 위해 혼백에게 조언을 구해 주시오. 내가 이름을 대는 사람을 불러내 주시오."

⁹ 여인이 말했다. "그만하십시오! 사울 왕이 이 땅에서 무당들을 깨끗이 없애 버린 것을 당신도 알지 않습니까. 그런데 어째서 나를 함정에 빠뜨려 목숨을 잃게 하려 하십니까?"

10 사울이 엄숙하게 대답했다. "**하나님**께서 살아 계심을 두고 맹세하는데, 이 일로 그대가 피해를 입는 일은 없을 것이오."

11 여인이 말했다. "그럼 내가 누구를 불러내리이까?"

"사무엘이오. 사무엘을 불러 주시오."

12 사무엘이 보이자 여인이 큰소리로 사울에게 외쳤다. "왜 나를 속이셨습니까? 당신은 사울 왕이 아니십니까!"

13 왕이 여인에게 말했다. "두려워할 것 없다. 네게 무엇이 보이느냐?"

"땅속에서 한 혼백이 올라오는 것이 보입니다."

14 "그가 어떻게 생겼느냐?" 사울이 물었다.

"제사장 같은 옷차림을 한 노인입니다."

사울은 그가 사무엘임을 알았다. 그는 엎드려 땅에 얼굴을 대고 절했다.

15 사무엘이 사울에게 말했다. "어찌하여 나를 불러내 번거롭게 합니까?"

사울이 말했다. "내가 심각한 곤경에 빠져서 그렇습니다. 블레셋 사람이 쳐들어오고 있는데 하나님께서 나를 버리셨습니다. 그분은 더 이상 예언자로도 꿈으로도 내게 응답하지 않으십니다. 그래서 내가 어찌해야 할지 알려 달라고 당신을 불러낸 것입니다."

16-19 사무엘이 말했다. "왜 나에게 묻습니까? **하나님**께서 이미 당신에게 등을 돌리셔서 당신 이웃의 편이 되셨습니다. **하나님**께서는 나를 통해 당신에게 말씀하신 대로 행하셨습

니다. 당신 손에서 나라를 찢어내 당신의 이웃에게 주셨습니다. **하나님**께서 오늘 이 일을 하신 이유는, 당신이 아말렉에서 **하나님**께 불순종하여 그분의 맹렬한 심판을 실행하지 않았기 때문입니다. **하나님**께서는 이스라엘마저도 당신과 함께 블레셋 사람의 손에 넘겨주실 것입니다. 내일 당신과 당신의 아들들은 나와 함께 있을 것입니다. 참으로 **하나님**께서 이스라엘 군대를 블레셋 사람의 손에 넘겨주실 것입니다."

20-22 사울은 사무엘의 말이 너무도 두려워, 나무가 넘어지듯 바닥으로 쓰러졌다. 그는 그날 하루 종일 아무것도 먹지 못해 기운이 하나도 없었다. 여인은 그가 심한 충격을 받은 것을 알고 이렇게 말했다. "제 말을 들으십시오. 저는 제 목숨을 내놓으면서까지 왕께서 요구하신 대로 했고 왕의 지시에 충실히 따랐습니다. 이제 왕께서 제 말대로 해주실 차례입니다. 제가 음식을 좀 드릴 테니 드십시오. 기운을 차려야 길을 떠나실 수 있습니다."

23-25 사울은 "아무것도 먹지 않겠다"며 거절했다.

그러나 신하들과 여인이 간곡히 권하자, 그들의 간청에 못이겨 바닥에서 일어나 침상에 앉았다. 여인은 재빨리 움직였다. 그녀는 집에서 키운 송아지를 잡고 밀가루를 가져다 반죽하여 누룩을 넣지 않은 빵을 구웠다. 그러고는 그 모든 음식을 사울과 그의 신하들에게 대접했다. 그들은 충분히 먹고 나서 식탁에서 일어나 그날 밤에 길을 떠났다.

# 29

¹⁻² 블레셋 사람은 모든 군대를 아벡에 집결시켰다. 이스라엘은 이미 이스르엘에 있는 샘에 진을 치고 있었다. 블레셋의 장군은 연대와 사단 단위로 진군했고, 다윗과 그의 부하들은 아기스와 함께 맨 뒤에서 따라갔다.

³ 블레셋의 지휘관들이 말했다. "이 히브리 사람들이 무엇 때문에 이곳에 와 있는 겁니까?"

아기스가 지휘관들에게 대답했다. "한때 이스라엘 왕 사울의 신하였던 다윗을 모르시오? 그는 오랫동안 나와 함께 지냈소. 나는 그가 사울에게서 망명한 날부터 지금까지, 수상쩍거나 못마땅한 점을 하나도 보지 못했소."

⁴⁻⁵ 블레셋의 지휘관들은 아기스에게 화를 내며 말했다. "이 사람을 돌려보내십시오. 가서 제 일이나 충실히 보게 하십시오. 그는 우리와 함께 전쟁에 나가지 못합니다. 전투중에 저쪽 편으로 돌아설 겁니다! 다시 돌아가서 제 주인의 마음을 얻기에 우리의 등을 찌르는 것보다 더 좋은 기회가 어디 있겠습니까! 이 사람은 히브리 사람들이 잔치 자리에서 이렇게 노래하며 칭송하는 그 다윗이 아닙니까?

사울은 수천 명을 죽이고
다윗은 수만 명을 죽인다!"

⁶⁻⁷ 할 수 없이 아기스는 다윗에게 사람을 보내어 이렇게 말

했다. "**하나님**께서 살아 계심을 두고 맹세하는데, 그대는 지금까지 믿음직한 협력자였소. 나와 함께 일하면서 모든 면에서 탁월했고 그대가 처신한 방식도 나무랄 데가 없었소. 그러나 장군들은 그렇게 보지 않는구려. 그러니 그대는 이제 평안히 떠나는 것이 좋겠소. 블레셋 장군들의 심기를 건드려서 좋을 게 없소."

8 "내가 무엇을 잘못했는지요?" 다윗이 말했다. "내가 왕과 동맹한 날부터 지금까지 단 하나라도 불편하게 해드린 일이 있었습니까? 왜 내가 내 주인이신 왕의 적들과 싸울 수 없습니까?"

9-10 "내 생각도 같소." 아기스가 말했다. "그대는 좋은 사람이오. 내가 아는 한 그대는 하나님의 천사요! 그러나 블레셋 지휘관들은 '그는 우리와 함께 전쟁에 나갈 수 없다'며 강경하게 나오고 있소. 그러니 그대는 함께 온 부하들을 데리고 일찍 떠나시오. 날이 밝는 대로 바로 이동하시오."

11 다윗과 그의 부하들은 일찍 일어나, 동틀 무렵에 블레셋 땅으로 돌아갔다. 블레셋 사람은 이스르엘로 계속 진군했다.

### 다윗의 힘은 하나님께 있었다

**30** 1-3 사흘 후, 다윗과 그의 부하들이 시글락으로 돌아왔을 때에는, 아말렉 사람이 이미 네겝과 시글락을 친 뒤였다. 그들은 시글락을 쑥대밭으로 만들어 놓고 불살랐다. 또한 나이와 상관없이 모든 여자를 잡아서

소 떼처럼 끌고 갔다. 다윗과 그의 부하들이 마을에 들어섰을 때는 이미 온 마을이 잿더미가 되었고, 그들의 아내와 자녀들이 모두 포로로 잡혀간 뒤였다.

4-6 다윗과 그의 부하들은 큰소리로 울부짖었다. 기진맥진할 때까지 울고 또 울었다. 다윗의 두 아내 이스르엘 사람 아히노암과 나발의 아내였던 갈멜 사람 아비가일도 다른 사람들과 함께 포로로 잡혀갔다. 그러나 다윗의 곤경은 그것으로 끝나지 않았다. 가족을 잃고 원통한 나머지, 다윗을 돌로 치자는 말이 사람들 사이에서 나왔던 것이다.

6-7 다윗은 자기가 믿는 **하나님**을 의지하여 힘을 냈다. 그는 아히멜렉의 아들인 제사장 아비아달에게 명령했다. "에봇을 내게 가져오시오. 하나님께 여쭈어 보겠습니다." 아비아달은 에봇을 가져다 다윗에게 주었다.

8 다윗이 **하나님**께 기도했다. "제가 이 침략자들을 쫓아가야 하겠습니까? 제가 그들을 따라잡을 수 있겠습니까?" 하나님께서 응답해 주셨다. "그들을 쫓아가거라! 네가 그들을 따라잡을 것이다! 참으로 네가 모두를 구해 낼 것이다!"

9-10 다윗은 부하 육백 명을 데리고 갔다. 그들이 브솔 시내에 도착했는데, 거기서 일부 낙오자가 생겼다. 다윗과 부하 사백 명은 계속 추격했지만, 이백 명은 너무 지쳐서 브솔 시내를 건너지 못하고 그곳에 남았다.

11-12 계속 추격해 간 이들이 들판에서 우연히 한 이집트 사람을 만나 다윗에게 데려왔다. 그들이 빵을 주자 그가 먹고

물도 마셨다. 그들은 그에게 무화과빵 한 조각과 건포도빵
두 덩이를 주었다. 그는 사흘 밤낮을 아무것도 먹지도 마시
지도 못했는데, 그제야 서서히 생기를 되찾았다!

13-14 다윗이 그에게 말했다. "너는 누구에게 속한 자냐? 어
디서 왔느냐?"

"저는 이집트 사람으로, 아말렉 사람의 종입니다." 그가 말
했다. "사흘 전에 제가 병이 들자, 주인이 저를 버리고 가 버
렸습니다. 우리는 그렛 사람의 네겝과 유다의 네겝과 갈렙
의 네겝을 침략했습니다. 그리고 시글락을 불태웠습니다."

15 다윗이 그에게 물었다. "네가 우리를 침략자들에게 데려
다 줄 수 있겠느냐?"

그가 말했다. "저를 죽이거나 옛 주인에게 넘기지 않겠다고
하나님의 이름으로 약속해 주십시오. 그러면 제가 당신을
침략자들이 있는 곳으로 곧장 안내하겠습니다."

16 그는 다윗을 인도하여 아말렉 사람에게 갔다. 그들은 사
방에 흩어져서 먹고 마시며, 블레셋과 유다에서 약탈한 온
갖 전리품을 즐기고 있었다.

17-20 다윗이 그들을 덮쳐 동트기 전부터 그 이튿날 저녁까지
싸우니, 그들 가운데 낙타를 타고 도주한 젊은 사람 사백 명
을 빼고는 아무도 살아남지 못했다. 다윗은 아말렉 사람에
게 빼앗겼던 모든 것을 되찾았고, 두 아내도 구해 냈다! 젊
은 사람이나 늙은 사람, 아들과 딸, 약탈품을 통틀어 잃어버
린 것이 하나도 없었다. 다윗은 모두 다 되찾았다. 그가 양

떼와 소 떼를 앞세우고 진군하자, 모두가 "다윗의 전리품이다!" 하고 소리쳤다.

²¹ 얼마 후 다윗은, 너무 지쳐 자기를 따르지 못하고 낙오했던 이백 명이 있는 브솔 시내에 이르렀다. 그들이 나와서 다윗과 그의 무리를 환영했고, 다윗은 그들 가까이 다가가 "성공이다!" 하고 외쳤다.

²² 그런데 다윗과 함께 출전했던 사람들 가운데 비열한 무리가 다윗을 제지하고 나섰다. "저들은 구출 작전에 기여한 게 없으니, 우리가 되찾은 전리품을 나눌 수 없소. 아내와 자녀들을 데려가는 것으로 끝이오. 처자식이나 데려가게 하시오!"

²³⁻²⁵ 그러자 다윗이 그 언쟁을 중지시키면서 말했다. "형제 여러분, 가족끼리 이러는 법은 없습니다! **하나님**께서 우리에게 주신 것을 가지고 이렇게 처신해서는 안됩니다! 하나님께서는 우리를 안전하게 지켜 주셨고 우리를 공격했던 침략자들을 우리 손에 넘겨주셨습니다. 그러니 말도 안되는 소리 따위는 집어치웁시다. 남아서 보급품을 지킨 자나 나가서 싸운 자나 몫은 똑같습니다. 똑같이 나눌 것입니다. 나누되 똑같이 나누십시오!" 그날 이후로 다윗은 그것을 이스라엘의 규정으로 삼았고, 오늘까지 그대로 지켜지고 있다.

²⁶⁻³¹ 시글락에 돌아온 다윗은 전리품의 일부를 이웃인 유다 장로들에게 보내면서 이런 전갈도 함께 보냈다. "**하나님**의

원수들에게서 **빼앗은** 전리품 중 일부를 선물로 보냅니다!" 그는 그것을 베델, 라못네겝, 얏딜, 아로엘, 십못, 에스드모아, 라갈, 여라므엘 사람의 성읍들과 겐 사람의 성읍들과 호르마, 보라산, 아닥, 헤브론 등지의 장로들에게 보냈고, 부하들과 함께 드나들던 다른 많은 지역에도 보냈다.

**사울과 요나단이 전사하다**

# 31 1-2 블레셋 사람이 이스라엘과 전쟁을 벌였다. 이스라엘 사람들이 전면 후퇴하다가, 길보아 산에서 부상을 입고 여기저기 쓰러졌다. 블레셋 사람은 사울과 그의 아들들을 추격하여, 요나단과 그의 형제 아비나답과 말기수아를 죽였다.

3-4 사울 주변에서 싸움이 맹렬했다. 활 쏘는 자들이 바짝 따라붙어 그에게 중상을 입혔다. 사울은 자신의 무기를 드는 자에게 말했다. "네 칼을 뽑아서 나를 죽여라. 저 이교도들이 와서 나를 죽이며 조롱하지 못하게 하여라."

4-6 그러나 사울의 무기를 드는 자는 몹시 두려운 나머지 찌르려고 하지 않았다. 그러자 사울은 직접 칼을 뽑아 그 위로 엎어졌다. 사울이 죽은 것을 보고는 무기를 드는 자도 자기 칼 위에 엎어져 함께 죽었다. 이렇게 사울과 그의 세 아들과 그의 무기를 드는 자, 그와 가장 가까웠던 자들이 그날 함께 죽었다.

7 맞은편 골짜기와 요단 강 건너편에 있던 이스라엘 사람은,

아군이 후퇴하는 것과 사울과 그의 아들들이 죽은 것을 보고 성읍들을 떠나 필사적으로 도망쳤다. 블레셋 사람이 들어와 그곳들을 차지했다.

8-10 이튿날, 블레셋 사람이 죽은 자들을 약탈하러 왔다가 길보아 산에 쓰러져 있는 사울과 그의 세 아들의 시신을 보았다. 그들은 사울의 머리를 베고 갑옷을 벗겼다. 그리고 우상들의 산당을 포함한 온 블레셋 땅에 그 기쁜 소식을 전했다. 그들은 사울의 갑옷을 아스다롯 산당에 전시하고 그의 주검은 벳산 성벽에 못 박았다.

11-13 야베스 길르앗 사람들은 블레셋 사람이 사울에게 한 일을 전해 들었다. 용사들이 바로 나서서, 밤새도록 달려 벳산 성벽에서 사울과 그의 세 아들의 주검을 거두고 야베스로 가져와 화장했다. 그리고 야베스의 에셀 나무 아래 그 뼈를 묻고 칠 일 동안 금식하며 애도했다.

# 사무엘하

**1** 1-2 사울이 죽고 나서 얼마 후에, 다윗은 아말렉 사람을 정벌하고 시글락으로 돌아왔다. 사흘 후에 사울의 진에서 온 어떤 사람이 예고도 없이 나타났다.

2-3 흐트러진 옷차림에 애도중인 것이 분명해 보이는 그는, 다윗 앞에 정중히 무릎을 꿇었다. 다윗이 물었다. "무슨 일로 왔느냐?"

그가 대답했다. "저는 이스라엘 진에서 도망쳐 나오는 길입니다."

4 다윗이 말했다. "그래, 무슨 일이 있었느냐? 어떤 소식을 가지고 왔느냐?"

그가 말했다. "이스라엘 사람들이 죽은 수많은 동료들을 뒤로한 채 전쟁터에서 달아났습니다. 사울 왕과 그의 아들 요나단도 전사했습니다.”

5 다윗이 그 젊은 군사에게 자세히 물었다. “사울 왕과 요나단이 전사한 것이 확실하냐? 네가 어떻게 아느냐?”

6-8 “제가 길보아 산을 지나다가 우연히 사울 왕과 마주쳤습니다. 그는 중상을 입은 채 자기 창에 기대어 있었는데, 적의 전차와 기병들이 바짝 추격해 오고 있었습니다. 그가 뒤돌아보다가 제가 있는 것을 알고는 저를 불렀습니다. ‘예, 말씀하십시오’ 하고 말하자, 그가 저에게 누구인지 묻기에 아말렉 사람이라고 했습니다.

9 그는 ‘이리 와서 이 고통에서 나를 건져 다오. 내 목숨이 아직 붙어 있지만, 이미 죽은 것이나 다름없다’ 하고 말했습니다.

10 그래서 저는 그의 부탁대로 했습니다. 그가 오래 살지 못할 것을 알았습니다. 왕의 머리띠와 팔찌를 벗겨서 주인님께 가져왔습니다. 여기 있습니다.”

11-12 다윗은 몹시 슬퍼하며 자기 옷을 잡아 찢었다. 그와 함께 있던 사람들도 모두 그와 같이 했다. 그들은 그날 남은 시간 동안 울고 금식하면서 사울과 그의 아들 요나단이 죽은 것과, 하나님의 군대와 이스라엘 민족이 패전의 희생자가 된 것을 슬퍼했다.

13 그런 다음 다윗은 소식을 가져온 젊은 군사에게 말했다. “도대체 너는 누구냐?”

“저는 이민 집안 출신으로 아말렉 사람입니다.”

14-15 다윗이 말했다. "네가 감히 **하나님**의 기름부음 받은 왕을 죽였단 말이냐?" 다윗은 곧바로 자기 군사 가운데 한 사람에게 "그를 쳐죽여라!" 하고 명령했다. 그러자 군사가 그를 쳐죽였다.

16 다윗이 그에게 말했다. "너는 죽음을 자청했다. **하나님**의 기름부음 받은 왕을 죽였다는 네 말이 곧 사형선고가 되었다."

17-18 다윗이 애가를 불러 사울과 그의 아들 요나단을 애도하고, 유다의 모든 사람에게도 그 노래를 외워 부르게 했다. 이 노래는 야살의 책에도 기록되어 있다.

19-21 이스라엘의 영양들이 산에서 죽임당하고
강한 용사들이 쓰러지고 쓰러졌다!
이 일을 가드 성에 알리지 말고
아스글론 거리에도 퍼뜨리지 마라.
천박한 블레셋 여자들에게
술자리의 이야깃거리를 또 하나 던져 주지 마라!
길보아의 산들아, 너희 위로 다시는 이슬과 비가 내리지
않고
샘과 우물에도 물 한 방울 남지 않을 것이다.
거기서 용사들의 방패가 진흙탕에 끌렸고
사울의 방패가 녹슨 채 버려졌으니.

²² 요나단의 활은 대담무쌍하여
큰 적일수록 더욱 무참히 쓰러뜨렸고
사울의 칼은 두려움을 몰라서
한번 칼집을 떠나면 그 무엇도 막을 수 없었다.

²³ 사랑스럽고 아름다운 사울과 요나단이여!
살아서도 함께더니 죽을 때도 함께구나.
그대들은 내려 꽂히는 독수리보다 빠르고
용맹한 사자보다 강했다.

²⁴⁻²⁵ 이스라엘의 여인들아, 사울을 위해 울어라.
그가 너희를 최고의 무명과 비단으로 입혔고
아낌없이 치장해 주었다.
강한 용사들이 싸움의 한복판에서
쓰러지고 쓰러졌다!
요나단이 산에서 죽임을 당했다!

²⁶ 내 사랑하는 형제 요나단이여,
그대의 죽음에 내 마음은 무너져 내리오.
기적과도 같은 그대의 우정은
내가 지금껏 알았던, 앞으로 알게 될
그 무엇보다도 더한 사랑이었소.

²⁷ 강한 용사들이 쓰러지고 쓰러졌다.

무기들이 산산이 부서졌다.

**다윗이 유다의 왕이 되다**

2 ¹ 이 모든 일이 있고 나서, 다윗이 기도하며 **하나님**께 여쭈었다. "제가 유다의 한 성읍으로 이주해도 되겠습니까?"

**하나님**께서 말씀하셨다. "그렇다. 이주하여라."

"어느 성읍으로 가야겠습니까?"

"헤브론으로 가거라."

²⁻³ 그래서 다윗은 두 아내 이스르엘 사람 아히노암과 갈멜 사람 나발의 아내였던 아비가일을 데리고 헤브론으로 이주했다. 다윗의 부하들도 자기 가족을 데리고 그와 함께 가서, 헤브론과 그 주변에 자리를 잡았다.

⁴⁻⁷ 유다 주민들이 헤브론으로 와서 다윗을 유다 지파의 왕으로 삼았다.

길르앗 야베스 사람들이 사울을 안장해 주었다는 보고가 다윗에게 들어갔다. 다윗은 길르앗 야베스 사람들에게 전령을 보내어 이렇게 전했다. "여러분이 주인인 사울 왕을 높여 장례를 치러 주었으니, **하나님**께서 여러분에게 복 주시기를 빕니다. **하나님**께서 여러분을 높이시고 진실하게 대해 주시기를 빕니다. 나도 그와 같이 하여 여러분의 너그럽고 선한 행위에 보답하겠습니다. 여러분은 뜻을 굳게 하고 마땅히 해야 할 바를 행하십시오. 여러분의 주인인 사울은 죽었고, 유다 주민들은 나를 그들의 왕으로 삼았습니다."

❧

8-11 한편, 사울의 군사령관인 넬의 아들 아브넬이 사울의 아들 이스보셋을 마하나임으로 데리고 가서 그를 길르앗, 아셀, 이스르엘, 에브라임, 베냐민의 왕으로 삼았다. 그를 온 이스라엘의 왕으로 삼은 것이다. 당시 이스보셋은 마흔 살이었다. 그는 고작 이 년 동안 왕위에 있었다. 그러나 유다 백성은 다윗을 지지했고, 다윗은 헤브론에서 칠 년 반 동안 유다 백성을 다스렸다.

12-13 하루는 넬의 아들 아브넬이 사울의 아들 이스보셋의 군사들과 함께 마하나임을 떠나 기브온으로 향했다. 스루야의 아들 요압도 다윗의 군사들과 이동 중이었다. 두 무리가 기브온 연못가에서 만났는데, 아브넬의 무리는 한편에 있었고 요압의 무리는 맞은편에 있었다.

14 아브넬이 요압에게 싸움을 걸었다. "너희 쪽 최고의 군사들을 내세워 보아라. 실력이나 한번 겨뤄 보자."
요압이 말했다. "좋다! 겨뤄 보자!"
15-16 그들이 싸우려고 늘어섰는데, 사울의 아들 이스보셋 쪽에서는 베냐민 사람 열두 명이 나왔고 다윗 쪽에서는 군사

열두 명이 나왔다. 그들이 각각 상대방의 머리를 잡고 서로 단도로 찌르자, 모두가 쓰러져 한꺼번에 죽었다. 그래서 그곳을 '살육의 벌판'이라 불렸는데, 그곳은 기브온에 있다.

17-19 싸움이 온종일 이어지면서 점점 더 치열해졌다. 아브넬과 이스라엘 사람들이 다윗의 부하들에게 사정없이 패했다. 스루야의 세 아들인 요압과 아비새와 아사헬도 그 자리에 있었다. 드넓은 평원의 영양처럼 빠른 아사헬이 아브넬 뒤에 바짝 붙어 그를 쫓았다.

20 아브넬이 돌아보며 말했다. "아사헬, 너냐?"

"그렇다." 그가 말했다.

21 아브넬이 말했다. "나를 뒤쫓지 마라. 네가 이길 만한 사람을 골라서 그의 전리품으로 만족해라!" 그러나 아사헬은 그만두지 않았다.

22 아브넬이 다시 말했다. "돌아가거라. 계속 쫓아오면 너를 죽일 수밖에 없다. 내가 네 형 요압의 얼굴을 어떻게 보겠느냐?"

23-25 아사헬이 계속 따라오자, 아브넬은 무딘 창 끝으로 그의 배를 찔렀는데, 얼마나 세게 찔렀던지 창이 등을 뚫고 나왔다. 아사헬은 그 자리에서 쓰러져 죽었다. 아사헬이 쓰러져 죽은 곳에 이른 사람마다 멈추어서 멍하니 바라보았다. 아사헬이 죽었다! 그러나 요압과 아비새는 계속해서 아브넬을 추격했다. 해가 질 무렵, 그들은 기브온 변경으로 가는 길가의 기아 맞은편 암마 산에 이르렀다. 베냐민 사람

들이 그 산 위 요충지에 자리를 잡고 아브넬과 함께 서 있었다.

26 아브넬이 요압에게 소리쳐 말했다. "우리가 다 망할 때까지 계속해서 서로 죽여야겠느냐? 그렇게 해서 남는 것이 무엇이냐, 참극밖에 더 있겠느냐? 얼마나 기다려야, 네 부하들에게 형제들을 쫓지 말라고 명령하겠느냐?"

27-28 요압이 말했다. "하나님께서 살아 계심을 두고 맹세하는데, 네가 말하지 않았으면 아침까지 계속 추격했을 것이다!" 그러고서 요압이 숫양 뿔나팔을 불자, 유다의 온 군대가 그 자리에 멈추어 섰다. 그들은 더 이상 이스라엘을 쫓지 않고 싸움을 멈췄다.

29 아브넬과 그의 군사들은 밤새도록 행군하여 아라바 골짜기에 이르렀고, 요단 강을 건너 오전 내내 행군한 끝에 마하나임에 도착했다.

30-32 요압이 아브넬을 쫓다가 돌아와서 부대의 인원을 점검하니, (아사헬을 제외하고도) 다윗의 부하 가운데 열아홉 명이 없었다. 다윗의 부하들이 죽인 아브넬의 부하는 모두 360명이었는데, 죽은 자들은 모두 베냐민 사람이었다. 다윗의 부하들은 아사헬의 주검을 거두어 베들레헴의 가족 묘지에 묻었다. 그런 다음 밤새도록 행군하여 동틀 무렵 헤브론에 도착했다.

**3** ¹ 사울의 집안과 다윗의 집안 사이에 전쟁이 끊이지 않았다. 전쟁이 길어질수록 다윗은 점점 강해졌고, 사울의 집안은 점점 약해졌다.

❧

²⁻⁵ 다윗이 헤브론 시절에 낳은 아들들은 이러하다.

이스르엘 사람 아히노암이 낳은 맏아들 암논

갈멜 사람 나발의 아내였던 아비가일이 낳은 둘째 아들 길르압

그술 왕 달매의 딸 마아가가 낳은 셋째 아들 압살롬

학깃이 낳은 넷째 아들 아도니야

아비달이 낳은 다섯째 아들 스바댜

에글라가 낳은 여섯째 아들 이드르암.

다윗은 이 여섯 아들을 헤브론에서 낳았다.

❧

⁶⁻⁷ 아브넬은 사울의 집안과 다윗의 집안 사이에 계속되는 싸움을 이용해 자신의 권력을 키웠다. 사울에게 후궁이 있었는데, 아야의 딸 리스바였다. 하루는 이스보셋이 아브넬에게 따졌다. "그대가 어찌하여 내 아버지의 후궁과 동침하였소?"

⁸⁻¹⁰ 아브넬은 이스보셋에게 화를 냈다. "나를 개 취급하는 겁니까! 내가 왕의 아버지 사울의 집안과 그의 온 가문과 친

구들에게 끝까지 충실한 대가가 고작 이겁니까? 다윗에게 잡혀갈 게 뻔한 왕을 내가 직접 구해 줬는데, 왕께서는 내가 한 여자와 잔 것을 문제 삼으시는 겁니까! **하나님**께서 다윗에게 약속하신 일이 이루어지도록 내가 도울 것입니다. 이 나라를 사울의 집안에서 옮겨, 다윗이 단에서 브엘세바까지 이스라엘과 유다 온 땅을 통치하는 자가 되게 만들겠다, 이 말입니다. 그렇지 않으면 하나님께서 내게 어떤 벌이라도 내리시길 바랍니다."

¹¹ 이스보셋은 아브넬의 격분이 두려워 더 이상 한 마디도 하지 못했다.

¹² 아브넬은 곧바로 다윗에게 전령을 보냈다. "저와 협상하시지요. 이스라엘 온 땅이 왕께 넘어가도록 돕겠습니다."

¹³ 다윗이 말했다. "좋소. 협상이 성립되었소. 다만, 한 가지 조건이 있소. 나를 만나러 올 때 사울의 딸 미갈을 데려오시오. 그렇지 않으면 그대는 여기서 환영받지 못할 것이오."

¹⁴ 이어서 다윗은 사울의 아들 이스보셋에게 전령을 보냈다. "내가 블레셋 사람의 포피 백 개를 주고 아내로 얻은 미갈을 내게 돌려주시오."

¹⁵⁻¹⁶ 이스보셋은 라이스의 아들 발디엘과 결혼하여 살고 있던 미갈을 데려오도록 명령했다. 발디엘은 계속 울면서 바후림까지 그녀를 따라왔다. 거기서 아브넬이 그에게 "집으로 돌아가라"고 하자, 그가 집으로 돌아갔다.

17-18 아브넬이 이스라엘의 장로들을 모아 놓고 말했다. "어제
까지만 해도 여러분은 다윗을 왕으로 삼을 길을 찾고 있었습
니다. 그러니 이제 그리하시오! **하나님**께서 이미 '내가 내 종
다윗의 손을 통해 내 백성 이스라엘을 블레셋과 다른 모든
원수의 압제에서 구원할 것이다' 하고 허락하셨습니다."

19 아브넬은 베냐민 지파를 따로 불러 그들과 이야기했다.
그러고 나서 다윗과 밀담을 나누기 위해 헤브론으로 갔다.
그는 온 이스라엘, 특히 베냐민 지파가 계획한 일을 모두
다윗에게 말할 참이었다.

20 아브넬과 그의 부하 스무 명이 헤브론에서 다윗을 만나
니, 다윗은 그들을 위해 연회를 베풀었다.

21 연회 후에 아브넬이 말했다. "저는 준비가 되었습니다.
이제 가서 내 주인이신 왕을 위해 이스라엘의 모든 사람을
모으겠습니다. 그들이 왕과 조약을 맺고, 왕의 뜻대로 다스
릴 권한을 왕께 드릴 것입니다." 아브넬은 다윗의 축복을 받
으며 헤브론을 떠났다.

22-23 잠시 후에, 요압이 이끄는 다윗의 부하들이 현장 임무
를 마치고 돌아왔다. 아브넬은 조금 전 다윗의 축복을 받고
떠난 터라, 헤브론에 있지 않았다. 요압과 그의 기습부대는
넬의 아들 아브넬이 다윗과 함께 그곳에 있다가 다윗의 축
복을 받고 떠났다는 이야기를 들었다.

24-25 요압은 곧바로 왕에게 갔다. "무슨 일을 하신 것입니

까? 아브넬이 나타났는데 그를 무사히 보내 주시다니요? 왕도 넬의 아들 아브넬을 잘 아시지 않습니까. 이것은 친선 방문이 아닙니다. 그 자가 여기 온 목적은 왕을 정탐하여 왕의 출입을 파악하고 왕의 의중을 살피려는 것입니다."

²⁶⁻²⁷ 요압은 그곳에서 나와 행동을 취했다. 그는 전령들을 보내 아브넬을 뒤쫓게 했고, 그들은 시라 우물가에서 그를 따라잡아 다시 헤브론으로 데려왔다. 다윗은 이 일을 전혀 몰랐다. 아브넬이 헤브론에 돌아오자, 요압은 은밀히 할 말이 있다며 그를 성문 한구석으로 데려갔다. 거기서 요압은 자기 동생 아사헬을 죽인 것에 대한 복수로, 아브넬의 배를 찔러 무참히 살해했다.

²⁸⁻³⁰ 나중에 다윗이 그 소식을 듣고 말했다. "넬의 아들 아브넬이 살해된 일에 대해 나와 내 나라는 **하나님** 앞에서 아무런 죄가 없다. 요압과 그의 온 집안이 이 피흘린 죄의 저주 아래 있게 될 것이다. 그들은 영원히 장애와 병과 폭력과 기근의 피해자가 될 것이다." (요압과 그의 동생 아비새가 아브넬을 살해한 것은, 그가 기브온 전투에서 그들의 동생 아사헬을 죽였기 때문이다.)

³¹⁻³² 다윗은 요압과 자기 밑에 있는 모든 부하에게 명령했다. "너희의 옷을 잡아 찢고 상복을 입어라! 아브넬의 장례 행렬에 앞장서 가며 큰소리로 슬퍼하여라." 다윗 왕은 관을 따라갔다. 그들은 아브넬을 헤브론에 묻었다. 아브넬의 무덤 곁에서 우는 왕의 소리가 어찌나 크고 구슬프던지, 모든

백성이 따라 울었다.

³³⁻³⁴ 다윗 왕은 아브넬을 위해 애가를 불렀다.

> 이럴 수 있는가? 아브넬이 이름 없는 부랑아처럼 죽다니?
> 그대는 마음대로 다니고 행하는 자유인이었으나
> 골목 싸움의 희생물이 되었구나.

그러자 온 백성이 울었고, 울음소리는 점점 더 커졌다!

³⁵⁻³⁷ 온 백성이 다윗에게 다가와서, 어두워지기 전에 무언가를 먹도록 권했다. 그러나 다윗은 엄숙히 맹세했다. "해가 지기 전에는 어떤 음식도 먹지 않겠소. 그러니 하나님, 저를 도와주십시오!" 장례식에 참석한 모든 사람이 그 모습을 보고 좋게 여겼다. 백성은 왕이 하는 일이면 무엇이든 박수를 보냈다. 왕이 넬의 아들 아브넬의 죽음과 아무 상관이 없다는 것을, 그날 온 이스라엘을 비롯한 모든 사람이 분명히 알게 되었다.

³⁸⁻³⁹ 왕이 신하들에게 말했다. "그대들도 보았듯이, 오늘 이스라엘의 지도자이자 큰 용사가 더러운 살인의 희생물이 되어 죽었소. 내 비록 기름부음을 받은 왕이지만, 힘이 없어 이 일에 전혀 손을 쓰지 못했소. 이 스루야의 아들들이 나보다 강하오. 하나님, 범죄한 자에게 그가 행한 대로 갚아 주십시오!"

**이스보셋이 살해되다**

# 4

¹ 아브넬이 헤브론에서 죽었다는 말을 듣고, 사울의 아들 이스보셋은 마음이 무너져 내렸다. 온 나라가 흔들렸다.

²⁻³ 이스보셋에게는 기습부대를 맡은 두 사람의 군지휘관이 있었는데, 한 사람의 이름은 바아나고 다른 사람의 이름은 레갑이었다. 그들은 베냐민 지파 브에롯 사람인 림몬의 아들들이었다. (브에롯 사람은 깃다임으로 도망한 이후로 베냐민 지파에 속했고, 오늘까지 외국인으로 그곳에 살고 있다.)

⁴ 사울의 아들 요나단에게는 두 다리를 저는 아들이 하나 있었다. 사울과 요나단의 사망 소식이 이스르엘에 전해졌을 때, 그는 다섯 살이었다. 유모가 그를 안고 서둘러 도망가다 넘어지는 바람에 다리를 절게 되었다. 그의 이름은 므비보셋이었다.

⁵⁻⁷ 하루는 림몬의 두 아들 바아나와 레갑이 이스보셋의 궁으로 향했다. 그들은 하루 중 가장 더울 때 도착했는데, 그 때 이스보셋은 낮잠을 자고 있었다. 그들은 공무가 있는 척 꾸미며 궁 안으로 들어갔다. 마침 침실을 지키던 여종은 잠들어 있었다. 레갑과 바아나는 그 옆을 몰래 지나 이스보셋의 방으로 들어갔는데, 그는 침대에서 잠들어 있었다. 그들은 그를 죽인 다음 머리를 베어 전리품으로 들고 나왔다. 그리고 아라바 골짜기 사이로 난 길을 따라 밤새도록 걸어서 이동했다.

<sup>8</sup> 그들은 헤브론으로 가서 이스보셋의 머리를 다윗에게 바치고 이렇게 말했다. "여기 왕의 원수인 사울의 아들 이스보셋의 머리가 있습니다. 그가 왕을 죽이려고 애썼지만, 하나님께서 내 주인이신 왕의 원수를 갚아 주셨습니다. 바로 오늘 사울과 그의 자손에게 복수하신 것입니다!"

<sup>9-11</sup> 다윗은 브에롯 사람 림몬의 아들들인 레갑과 바아나 형제에게 대답했다. "지금까지 온갖 역경에서 나를 건져 주신 하나님께서 참으로 살아 계심을 두고 맹세한다. 전에 시글락에서 한 전령이 내가 좋아할 것이라 생각하고 '기쁜 소식입니다! 사울이 전사했습니다!'라고 말했을 때 나는 그를 붙들어 그 자리에서 죽였다. 그것이 그가 전한 기쁜 소식의 결과였다! 그리고 지금 너희가 나타났다. 너희는 자기 집에서 자고 있는 죄 없는 사람을 무참히 죽인 악한 자들이다! 내가 살인을 저지른 너희를 이 땅에서 없애지 않을 줄로 생각하느냐!"

<sup>12</sup> 다윗은 군사들에게 명령을 내렸다. 군사들은 두 사람을 죽여 손발을 자르고 그 주검을 헤브론 연못가에 매달았다. 이스보셋의 머리는 거두어 헤브론에 있는 아브넬의 무덤에 묻었다.

**다윗이 온 이스라엘의 왕이 되다**

# 5

<sup>1-2</sup> 얼마 후 이스라엘 온 지파가 헤브론의 다윗에게 나아와 말했다. "보십시오. 우리는 왕의 혈육입니다!

과거에 사울이 왕이었을 때도, 나라를 실제로 움직인 사람은 왕이셨습니다. 그때 이미 **하나님**께서는 왕에게 '너는 내 백성 이스라엘의 목자가 되고 지도자가 될 것이다' 하고 말씀하셨습니다."

3 이스라엘의 모든 지도자가 헤브론에서 다윗 왕을 만났고, 다윗은 **하나님** 앞에 나아가 그들과 언약을 맺었다. 이어 그들은 다윗에게 기름을 부어 이스라엘의 왕으로 삼았다.

4-5 다윗은 서른 살에 왕위에 올라, 사십 년 동안 다스렸다. 헤브론에서 칠 년 반 동안 유다를 다스렸고, 예루살렘에서 삼십삼 년 동안 온 이스라엘과 유다를 다스렸다.

6 다윗과 그의 부하들이 예루살렘으로 곧장 진군하여 그 땅에 살고 있던 여부스 사람을 치려고 하자, 그들이 말했다. "집으로 돌아가거라! 너 따위는 눈먼 자나 다리 저는 자라도 물리칠 수 있겠다. 너는 여기 들어올 수 없다!" 그들은 다윗이 뚫고 들어오지 못할 것이라고 확신했다.

7-8 그러나 다윗은 앞으로 돌진하여 시온 성채를 점령했다. 그 후로 그곳은 다윗 성으로 알려졌다. 그날 다윗은 "여부스 사람을 이기려면 급수 시설을 공략해야 하고, 다윗이 미워하는 다리 저는 자와 눈먼 자도 반드시 쳐야 한다"고 말했다. (그 일이 얼마나 그의 신경을 거슬렀던지, "다리 저는 자와 눈먼 자는 왕궁에 출입할 수 없다"는 말까지 생겨났다.)

<sup>9-10</sup> 다윗은 그 요새 성읍에 살면서 그곳 이름을 '다윗 성'이라 하고, 바깥쪽 보루에서부터 안쪽으로 성을 쌓았다. 만군의 **하나님**께서 그와 함께 계셨으므로, 다윗은 더 넓은 품과 더 큰 걸음으로 나아갔다.

<sup>11-12</sup> 그 즈음에 두로 왕 히람이 다윗에게 사절단과 함께 백향목 재목을 보냈다. 그는 또 목수와 석공들을 보내어 다윗의 왕궁을 짓게 했다. 다윗은 그 일을, **하나님**께서 자신을 이스라엘의 왕으로 인정하시고 그분의 백성 이스라엘을 위해 그의 왕권을 세상에 널리 알리셨다는 표시로 받아들였다.

<sup>13-16</sup> 헤브론을 떠난 뒤로 다윗은 예루살렘에서 첩과 아내를 더 맞아들였고, 아들과 딸들을 더 낳았다. 그가 예루살렘에서 낳은 자녀들의 이름은 이러하다.

삼무아
소밥
나단
솔로몬
입할
엘리수아
네벡
야비아
엘리사마
엘리아다

엘리벨렛.

**17-18** 다윗이 온 이스라엘의 왕이 되었다는 말을 듣고 블레셋 사람이 그를 잡으러 왔다. 다윗은 그 소식을 듣고 요새로 내려갔다. 블레셋 사람이 이미 도착하여 르바임 골짜기에 병력을 주둔시켰다.

**19** 그때 다윗이 하나님께 기도했다. "제가 올라가서 블레셋 사람과 싸워도 되겠습니까? 주께서 도우셔서 그들을 물리치게 해주시겠습니까?"

**20-21** 하나님께서 대답하셨다. "올라가거라. 나를 믿어라. 내가 너를 도와 그들을 물리치게 하겠다."
다윗은 곧장 바알브라심으로 가서 그들을 철저히 쳐부수었다. 그러고 나서 다윗은 "콸콸 솟구치는 물처럼 하나님께서 내 적들을 쓸어버리셨다" 말하고 그곳을 바알브라심(솟구치시는 주님)이라고 불렀다. 블레셋 사람이 후퇴하면서 그들의 온갖 우상을 버려두고 갔으므로, 다윗과 그의 군사들이 그 우상들을 치워 버렸다.

**22-23** 나중에 똑같은 일이 일어났다. 블레셋 사람이 다시 올라와서 르바임 골짜기에 병력을 배치시켰다. 이번에도 다윗은 하나님께 기도했다.

**23-24** 하나님께서 말씀하셨다. "너는 정면에서 공격하지 말고, 그들 뒤로 돌아가 신성하게 여기는 나무숲에 매복했다

가 습격하여라. 나무들 사이로 발소리가 들리면, 나와서 칠
준비를 하여라. 그것이 나 **하나님**이 너보다 앞서 가서 블레
셋 진을 쳐부순다는 신호다."
²⁵ 다윗은 **하나님**께서 명령하신 대로 행했다. 그는 기브온에
서 게셀에 이르기까지 블레셋 사람을 정벌했다.

**하나님의 궤를 예루살렘으로 옮기다**

6 ¹⁻² 다윗이 이스라엘의 정예군 서른 개 부대를 소집했
다. 그는 하나님의 궤를 되찾아 오기 위해 군사들과
함께 바알라로 향했다. 그 궤는 한 쌍의 천사 위에 앉아 계
신 만군의 **하나님**의 이름으로 불리는 궤였다.
³⁻⁷ 그들은 산 위에 있는 아비나답의 집으로 가서 하나님의
궤를 새 수레에 싣고 내려왔다. 아비나답의 아들들인 웃사
와 아히오가 하나님의 궤를 실은 새 수레를 몰았는데, 아히
오가 앞장서고 웃사는 궤 옆에서 따라갔다. 다윗과 이스라
엘 온 무리는 행진하면서 목청껏 노래를 불렀고 만돌린, 하
프, 탬버린, 캐스터네츠, 심벌즈를 연주했다. 그들이 나곤
의 타작마당에 이르렀을 때 소들이 비틀거리자, 웃사가 손
을 내밀어 하나님의 궤를 잡았다. **하나님**께서 불같이 진노
하셔서 웃사를 치셨다. 이는 그가 궤를 더럽혔기 때문이다.
웃사는 거기, 바로 궤 옆에서 죽었다.
⁸⁻¹¹ **하나님**께서 웃사에게 진노를 발하시자 다윗은 화를 냈
다. 그래서 그곳은 오늘까지 베레스웃사(웃사에 대해 폭발하

심)라고 불린다. 그날 다윗은 하나님이 두려워 "이 궤는 함
부로 손댈 수 없다. 이래서야 어떻게 이 궤를 다시 다윗 성
으로 옮길 수 있겠는가?" 하고 말했다. 그는 하나님의 궤
를 한 발짝도 더 옮기려 하지 않았다. 대신 그는, 궤를 길에
서 조금 떨어진 곳에 있는 가드 사람 오벳에돔의 집으로 옮
겼다. 하나님의 궤는 가드 사람 오벳에돔의 집에 석 달 동안
머물렀다. 하나님께서 오벳에돔과 그의 온 집안에 복을 주
셨다.

12-16 하나님께서 하나님의 궤 때문에 오벳에돔과 그의 온 집
안에 복을 주셨다는 소식이 다윗 왕에게 들어갔다. "그 복을
내가 받아야겠다"고 생각한 다윗은, 가서 하나님의 궤를 오
벳에돔의 집에서 다윗 성으로 가지고 올라왔다. 궤를 옮기
는 내내 가장 좋은 소를 제물로 바치며 성대한 축제를 벌였
다. 다윗은 제사장의 세마포를 입고 하나님 앞에서 주저 없
이 춤을 추었다. 온 나라가 그와 함께 함성과 나팔소리를 울
리며 하나님의 궤를 따라갔다. 그러나 하나님의 궤가 다윗
성으로 들어올 때 사울의 딸 미갈이 창밖을 내다보다가, 하
나님 앞에서 춤추며 뛰노는 다윗 왕을 보고서 마음속으로
그를 업신여겼다.

17-19 그들이 하나님의 궤를 가지고 들어와서 궤를 두려고 쳐
놓은 장막 한가운데 놓자, 다윗은 그 자리에서 번제와 화목
제를 드려 예배했다. 번제와 화목제를 마친 다윗은 만군의

하나님의 이름으로 백성을 축복하고, 남녀 할 것 없이 그곳에 모인 모든 사람에게 빵 한 덩이와 대추과자 하나와 건포도과자 하나씩을 나누어 주었다. 그 후에 백성이 모두 집으로 돌아갔다.

20-22 다윗이 그의 가족을 축복하기 위해 왕궁으로 돌아가니, 사울의 딸 미갈이 그를 맞으러 나오면서 말했다. "왕께서는 오늘 거리의 저속한 춤꾼처럼 여종들이 보는 앞에서 몸을 드러내며 참으로 훌륭하게 위엄을 떨치시더군요!" 다윗이 미갈에게 대답했다. "나는 하나님 앞에서 마음껏 춤을 출 것이오! 그분이 나를 택하셔서, 당신의 아버지와 당신의 남은 집안 위에 두시고 하나님의 백성 이스라엘의 통치자로 삼으셨소. 하나님의 영광을 위해서라면 나는 이보다도 더 격하게 춤을 출 것이오. 설령 내가 바보처럼 보여도 좋소. 하지만 당신이 그렇게 걱정하는 이 여종들 사이에서, 나는 한없는 존경을 받을 것이오."

23 그 후 사울의 딸 미갈은 평생 자식을 낳지 못했다.

### 하나님께서 다윗과 맺으신 언약

7 1-2 하나님께서 모든 원수들로부터 왕을 지켜 주셨으므로, 머지않아 그가 안정을 찾았다. 그러던 어느 날, 다윗 왕이 예언자 나단에게 말했다. "보십시오. 나는 여기 호화로운 백향목 왕궁에서 편히 살고 있는데, 하나님의 궤는 허술한 장막 안에 있습니다."

³ 나단이 왕에게 말했다. "무엇이든 왕의 마음에 좋은 대로 행하십시오. **하나님**께서 왕과 함께 계십니다."

⁴⁻⁷ 그러나 그날 밤 **하나님**의 말씀이 나단에게 임했다. "너는 가서 내 종 다윗에게 전하여라. '이 일에 대한 **하나님**의 말씀이다. 내가 살 집을 네가 짓겠다는 말이냐? 이스라엘 자손을 이집트에서 이끌어 내던 날부터 지금까지, 나는 한 번도 집에서 산 적이 없다. 언제나 장막에 거하며 옮겨 다녔다. 내가 이스라엘과 함께 다니면서, 목자로 지명한 지도자들 중 누구에게 "어찌하여 내게 백향목 집을 지어 주지 않느냐?"고 물은 적이 있느냐?'

⁸⁻¹¹ 그러니 너는 내 종 다윗에게 이렇게 말하여라. '만군의 **하나님**이 네게 주는 말씀이다. 내가 양의 뒤를 따라다니던 너를 목장에서 데려다가 내 백성 이스라엘의 지도자로 삼았다. 네가 어디로 가든지 내가 너와 함께 있었고, 네 앞의 모든 적을 물리쳤다. 이제 나는 네 이름을 높여서 땅의 위대한 이름들과 어깨를 겨루게 할 것이다. 그리고 내 백성 이스라엘을 위해 한 곳을 따로 떼어 그들을 그곳에 심고, 각자 자기 집을 갖게 하여 더 이상 떠돌지 않게 할 것이다. 또한 내 백성 이스라엘 위에 사사들을 두던 시절과는 달리, 악한 자들이 너희를 괴롭히지 못하게 할 것이다. 마침내, 너의 모든 적을 막아 평화를 누리게 할 것이다.

¹¹⁻¹⁶ 나 **하나님**이 네게 말한다. 나 **하나님**이 친히 네게 집을 지어 주겠다! 네 일생이 다하여 조상과 함께 묻힐 때에, 내

가 네 자식, 네 몸에서 난 혈육을 일으켜 네 뒤를 잇게 하고 그의 통치를 견고히 세울 것이다. 그가 나를 높여 집을 지을 것이며, 나는 그 나라의 통치를 영원히 보장할 것이다. 나는 그에게 아버지가 되고 그는 내게 아들이 될 것이다. 그가 잘 못을 저지르면 내가 평소 하던 것처럼, 인생의 함정과 장애 물로 그를 징계할 것이다. 그러나 앞선 왕 사울에게 그러했 던 것처럼 내 자비로운 사랑을 거두는 일은 없을 것이다. 그 에게서는 절대로 내 사랑을 거두지 않을 것이다. 네 집안과 네 나라가 영원히 안전할 것이다. 내가 거기서 눈을 떼지 않 을 것이다! 네 왕좌는 바위처럼 언제나 든든히 그 자리에 있 을 것이다.'"

¹⁷ 나단은 환상 중에 보고 들은 모든 것을 다윗에게 빠짐없 이 이야기했다.

¹⁸⁻²¹ 다윗 왕이 들어가서, **하나님** 앞에서 기도했다. "내 주 **하나님**, 제가 누구이며 저의 집안이 무엇이기에 주께서 저 를 이 자리에 이르게 하셨습니까? 그러나 앞으로 있을 일에 비하면 이것은 아무것도 아닙니다. 내 주 **하나님**, 주께서는 제 집안의 먼 앞날에 대해서 말씀하시며 장래 일을 엿보게 해주셨습니다! 이 모든 것 앞에서 감히 제가 무슨 말을 할 수 있겠습니까? 주 **하나님**, 주께서는 제 실상을 아십니다. 주께서 이 모든 일을 행하신 것은, 저의 어떠함 때문이 아니 라 주의 어떠하심 때문입니다. 바로 주님의 마음에서 비롯

된 것입니다! 주께서 그것을 제게 알려 주셨습니다.

22-24 주 **하나님**, 주님은 참으로 위대하십니다! 주님 같은 분이 없습니다. 주님과 같은 하나님이 없습니다. 주님 외에는 하나님이 없습니다. 우리 귀로 들은 그 어떤 이야기도 주님과 비할 수 없습니다. 누가 이 땅에 하나뿐인 나라, 주의 백성 이스라엘과 같겠습니까? 하나님께서 친히 나서서 당신을 위해 그들을 구해 내셨습니다(그 일로 주의 이름을 널리 알리셨습니다). 그들을 이집트에서 구원하여 내심으로 여러 민족과 그 신들을 사방으로 내쫓으시며 크고 두려운 일을 행하셨습니다. 주께서 자신을 위해 한 백성─주님 소유의 이스라엘!─을 영원한 주의 백성으로 세우셨습니다. 그리고 주 **하나님**께서 그들의 하나님이 되셨습니다.

25-27 위대하신 **하나님**, 저와 제 집안에 주신 이 말씀을 영원히 보장해 주십시오! 약속하신 대로 이루어 주십시오! 그러면 주의 명성이 영원히 높아져 사람들이 '만군의 **하나님**이 이스라엘의 하나님이시다!' 하고 외칠 것입니다. 그리고 주의 종 다윗의 집은, 보살펴 주시는 주의 임재 안에 확실하고 견고하게 남을 것입니다. 만군의 **하나님**이요 이스라엘의 하나님이신 주께서 '내가 네게 집을 지어 주겠다'고 밝히 말씀하시니, 제가 용기를 내어 주께 이 기도를 감히 드립니다.

28-29 주 **하나님**, 주께서는 신실하신 하나님이시고, 언제나 분명하게 말씀하십니다. 이 놀라운 일을 제게 말씀해 주셨으니, 부디 한 가지만 더 구합니다. 저의 집안에 복을 내리

시고 언제나 주의 눈을 떼지 마십시오. 주 **하나님**, 주께서 그렇게 하시겠다고 이미 말씀하셨습니다! 오, 주님의 복이 저의 집안에 영영히 있게 해주십시오!"

# 8

¹ 그 후, 다윗은 블레셋 사람을 크게 쳐서 굴복시키고 그 지역을 지배했다.

² 그는 또 모압과 싸워 그들을 물리쳤다. 그는 무작위로 그들 가운데 삼분의 이를 택해 처형하고, 나머지 삼분의 일은 살려 주었다. 이후 모압 사람은 다윗의 통치를 받으며 조공을 바쳐야 했다.

³⁻⁴ 다음으로 유프라테스 강 유역의 통치권을 회복하러 가는 길에 다윗은 소바 왕 르홉의 아들 하닷에셀을 물리쳤다. 다윗은 그에게서 전차 천 대와 기병 칠천 명, 보병 이만 명을 빼앗았다. 그는 전차를 끄는 말 백 마리만 남기고, 나머지 모든 말의 뒷발 힘줄을 끊었다.

⁵⁻⁶ 다마스쿠스의 아람 사람이 소바 왕 하닷에셀을 도우러 오자, 다윗은 그들 이만이천 명을 모두 죽였다. 그는 아람-다마스쿠스에 꼭두각시 정부를 세웠다. 아람 사람은 다윗의 종이 되어 조공을 바쳐야 했다. 다윗이 어디로 진군하든지 **하나님**께서 그에게 승리를 주셨다.

⁷⁻⁸ 다윗은 하닷에셀의 신하들이 가지고 있던 금방패를 전리품으로 취하여 예루살렘으로 가져왔다. 또 하닷에셀의 성읍

인 데바와 베로대에서 청동을 아주 많이 **빼앗았다**.

9-12 다윗이 하닷에셀의 군대를 모두 쳐부수었다는 소식을 하맛 왕 도이가 들었다. 그는 아들 요람을 다윗 왕에게 보내어 안부를 묻고 하닷에셀 군대와 싸워 이긴 것을 축하했다. 도이와 하닷에셀은 오랜 원수관계였기 때문이다. 요람은 다윗에게 은과 금과 청동을 선물로 가져왔다. 다윗 왕은 그것을 아람, 모압, 암몬 사람, 블레셋 사람, 아말렉 등 정복한 모든 나라에서 가져온 은금, 그리고 소바 왕 르홉의 아들 하닷에셀에게서 빼앗은 전리품과 함께 거룩하게 구별했다.

13-14 다윗은 아람 사람을 물리치고 돌아와 승전비를 세웠다. 스루야의 아들 아비새는 소금 골짜기에서 에돔 사람과 싸워 그들 만팔천 명을 죽였다. 다윗이 에돔에도 꼭두각시 정부를 세우니, 에돔 사람이 다윗의 지배를 받았다.

다윗이 어디로 진군하든지 **하나님**께서 그에게 승리를 주셨다.


15 이렇게 해서 다윗은 온 이스라엘을 다스렸다. 무슨 일을 하든지 누구를 대하든지, 그의 다스림은 공명정대했다.

16 스루야의 아들 요압은 군사령관이었다.

아힐룻의 아들 여호사밧은 기록관이었다.

17 아히둡의 아들 사독과 아비아달의 아들 아히멜렉은 제사장이었다.

스라야는 서기관이었다.

18 여호야다의 아들 브나야는 그렛 사람과 블렛 사람을 지휘

했다.

그리고 다윗의 아들들은 제사장 일을 보았다.

#### 다윗과 므비보셋

9 <sup>1</sup> 하루는 다윗이 물었다. "사울의 집안에 살아남은 사람이 없느냐? 만일 있다면, 내가 요나단을 생각해서 그에게 친절을 베풀고 싶구나."

<sup>2</sup> 마침 시바라는 사울 집안의 종이 있었다. 사람들이 그를 다윗 앞으로 불러오자, 왕이 물었다. "네가 시바냐?"

"예, 그렇습니다." 그가 대답했다.

<sup>3</sup> 왕이 물었다. "사울의 집안에 살아남은 사람이 없느냐? 내가 그에게 하나님의 친절을 베풀고 싶구나."

시바가 왕에게 말했다. "요나단의 아들이 있는데, 두 다리를 모두 접니다."

<sup>4</sup> "그가 어디 있느냐?"

"로드발에 있는 암미엘의 아들 마길의 집에 살고 있습니다."

<sup>5</sup> 다윗 왕은 한시도 지체하지 않고 사람을 보내어 로드발에 있는 암미엘의 아들 마길의 집에서 그를 데려왔다.

<sup>6</sup> 사울의 손자요 요나단의 아들인 므비보셋이 다윗 앞에 와서 엎드려 절하고 자신을 낮추며 예를 갖추었다.

다윗이 그의 이름을 불렀다. "그대가 므비보셋인가?"

"예, 왕이시여."

<sup>7</sup> "두려워하지 마라." 다윗이 말했다. "내가 네 아버지 요나

단을 기억하여 뭔가 특별한 일을 네게 해주고 싶구나. 우선
네 할아버지 사울의 재산을 모두 너에게 돌려주겠다. 그뿐
아니라 이제부터 너는 항상 내 식탁에서 나와 함께 먹을 것이
다."

8 므비보셋은 다윗을 똑바로 보지도 못한 채 발을 끌며 더듬
더듬 말했다. "제가 누구라고 왕께서 길 잃은 개와 같은 제
게 관심을 두십니까?"

9-10 다윗은 곧바로 사울의 오른팔인 시바를 불러 말했다.
"사울과 그 집안에 속한 모든 것을 내가 네 주인의 손자에게
넘겨주었다. 너와 네 아들들과 네 종들은 그의 토지에서 일
하고 농작물을 거둬들여 네 주인의 손자를 위한 양식을 마
련하여라. 네 주인의 손자 므비보셋은 이제부터 늘 내 식탁
에서 먹을 것이다." 시바에게는 열다섯 명의 아들과 스무 명
의 종이 있었다.

11-12 시바가 대답했다. "내 주인이신 왕께서 이 종에게 명령
하신 모든 것을 그대로 받들겠습니다."

므비보셋은 왕족의 한 사람처럼 다윗의 식탁에서 먹었다.
므비보셋에게는 미가라는 어린 아들이 하나 있었다. 시바
집안에 속한 모든 사람은 이제 므비보셋의 종이 되었다.

13 므비보셋은 예루살렘에 살면서 항상 왕의 식탁에서 먹었
다. 그는 두 다리를 모두 절었다.

**다윗이 암몬과 싸우다**

# 10

1-2 시간이 흘러, 암몬 사람의 왕이 죽고 그의 아들 하눈이 뒤를 이어 왕이 되었다. 이에 다윗은 "나하스의 아들 하눈에게 친절을 베풀고 싶구나. 그의 아버지가 내게 한 것처럼 나도 그를 잘 대해 주고 싶다"고 하면서, 하눈의 아버지 일을 위로하기 위해 조문단을 보냈다.

2-3 그러나 다윗의 신하들이 암몬 사람의 땅에 이르자, 암몬 사람의 지도자들이 자신들의 대표인 하눈에게 경고했다. "왕께서는 다윗이 왕의 아버지를 공경해서 이렇게 조문단을 보낸 줄 아십니까? 그가 왕께 조문단을 보낸 것은 이 성을 정탐하여 살펴보기 위함이 아니겠습니까?"

4 그래서 하눈은 다윗의 신하들을 잡아 그들의 수염 절반을 깎고, 옷을 엉덩이 절반 높이까지 자른 다음 돌려보냈다.

5 이 모든 일이 다윗에게 전해졌다. 그들이 심한 모욕을 당했으므로, 다윗은 사람을 보내어 그들을 맞이하게 했다. 왕은 "그대들의 수염이 자랄 때까지 여리고에 있다가 그 후에 돌아오시오" 하고 말했다.

6 암몬 사람은 자신들이 다윗의 미움을 사게 된 줄 깨닫고 벳르홉과 소바에서 아람 보병 이만 명, 마아가 왕에게서 천 명, 돕에서 만이천 명을 고용했다.

7 이 소식을 들은 다윗은 그의 가장 강한 용사들을 요압에게 맡겨 출정시켰다.

8-12 암몬 사람이 나와서 성문 앞에 전투대형으로 진을 쳤고,

소바와 르홉에서 온 아람 사람과 돕 사람과 마아가 사람은
바깥 넓은 들판에 전열을 갖추었다. 요압은 싸워야 할 전선
이 앞뒤로 있는 것을 보고, 이스라엘의 정예군 중에서 다시
최정예군을 뽑아 아람 사람과 맞서게 배치했다. 나머지 군
대는 그의 동생 아비새의 지휘 아래 두어 암몬 사람과 맞서
게 배치했다. 그가 말했다. "아람 사람이 나보다 힘이 세면,
네가 와서 나를 도와라. 암몬 사람이 너보다 힘이 세면 내가
가서 너를 돕겠다. 용기를 내어라! 우리는 우리 백성과 우리
하나님의 성읍을 위해 온 힘을 다해 싸울 것이다. 무엇이든
필요하다면 하나님께서 친히 행하실 것이다!"

13-14 그런데 요압과 그의 군사들이 아람 사람과 싸우려고 쳐
들어가자, 그들이 모두 후퇴하여 도망쳤다. 아람 사람이 목
숨을 건지기 위해 도망치는 것을 본 암몬 사람도, 아비새를
피해 도망쳐 성 안으로 들어갔다.

그러자 요압은 암몬 사람과의 싸움을 멈추고 예루살렘으로
돌아왔다.

15-17 아람 사람은 이스라엘에게 처참히 패한 것을 알고, 사
태를 수습하고 나서 전열을 재정비했다. 하닷에셀은 사람을
보내 요단 강 건너편에 있는 아람 사람을 불렀다. 그들은 헬
람으로 왔고, 하닷에셀의 군사령관 소박의 지휘 아래 움직
였다. 이 모든 일이 다윗에게 보고되었다.

17-19 다윗은 이스라엘 군대를 소집하여 요단 강을 건너 헬람
으로 진군했다. 아람 사람은 다윗과 맞설 태세로 전투대형

을 취했고, 이내 전투가 시작되었다. 그러나 그들은 이번에도 이스라엘 앞에서 흩어져 도망쳤다. 다윗은 전차병 칠백명과 기병 사만 명을 죽였다. 또한 군사령관 소박에게 치명상을 입혀, 결국 소박은 전쟁터에서 죽었다. 하닷에셀을 섬기던 모든 왕이 자신들의 패배를 인정하고, 이스라엘과 화친하여 이스라엘을 섬겼다. 아람 사람은 이스라엘이 두려워다시는 암몬 사람을 돕지 않았다.

**다윗의 범죄**

# 11

¹ 다음 해 암몬 사람이 침략해 오는 시기가 다시 돌아오자, 다윗은 그들을 아주 멸하려고 요압과 이스라엘의 용사들을 모두 출정시켰다. 그들은 랍바를 포위 공격했다. 그러나 다윗은 예루살렘에 남아 있었다.

2-5 어느 느지막한 오후, 다윗이 낮잠을 자고 일어나 왕궁 옥상을 거닐고 있었다. 시야가 트인 옥상에서 보니 한 여인이 목욕을 하고 있는 모습이 눈에 들어왔다. 여인은 눈부시게 아름다웠다. 다윗이 사람을 보내 그 여인에 대해 알아보게 했더니, 그가 "이 사람은 엘리암의 딸이자 헷 사람 우리아의 아내인 밧세바입니다"라고 보고했다. 다윗은 부하들을 보내 여인을 데려오게 했다. 밧세바가 도착하자 다윗은 그 여인과 동침했다(이 일은 그녀의 월경 이후 '정결예식' 기간 중에 일어났다). 밧세바가 자기 집으로 돌아갔다. 얼마 후에 여인은 자기가 임신한 것을 알았다.

나중에 그 여인은 "제가 임신했습니다" 하고 다윗에게 말을 전했다.

⁶ 그러자 다윗은 요압에게 연락을 취했다. "헷 사람 우리아를 내게 보내시오." 요압이 우리아를 보냈다.

⁷⁻⁸ 우리아가 도착하자, 다윗은 요압과 군대와 전쟁 상황이 어떠한지 전선의 소식을 물었다. 그러고 나서 우리아에게 "집에 가서 목욕을 하고 하룻밤 푹 쉬어라" 하고 말했다.

⁸⁻⁹ 우리아가 왕궁을 나가자, 왕의 정보원이 그의 뒤를 따라 갔다. 그러나 우리아는 집으로 가지 않았다. 그날 밤 그는 왕의 신하들과 함께 왕궁 입구에서 잤다.

¹⁰ 다윗은 우리아가 집에 가지 않았다는 말을 들었다. 그는 우리아에게 물었다. "너는 고단한 여정에서 이제 막 돌아오지 않았느냐? 그런데 왜 집에 가지 않았느냐?"

¹¹ 우리아가 다윗에게 대답했다. "궤가 이스라엘과 유다의 군사들과 함께 바깥 장막 안에 있고, 저의 주인인 요압과 부하들이 바깥 들판에서 고생하고 있습니다. 그런데 제가 어떻게 집에 가서 먹고 마시고 아내와 즐길 수 있겠습니까? 도저히 그럴 수는 없습니다!"

¹²⁻¹³ 다윗이 말했다. "알겠다. 좋을 대로 하여라. 오늘은 여기 있어라. 내일 내가 너를 보내겠다." 그래서 우리아는 그날 예루살렘에 머물렀다.

이튿날 다윗은 그를 초대하여 함께 먹고 마셔 그를 취하게 했다. 그러나 우리아는 그날 저녁에도 나가서 자기 주인의 부하들과 함께 잤다. 그는 집으로 가지 않았다.

14-15 이튿날 아침에 다윗은 요압에게 편지를 써서 우리아 편에 보냈다. 그는 편지에 이렇게 썼다. "우리아를 싸움이 가장 맹렬한 최전선에 두시오. 그를 적에게 노출된 상태로 두고 후퇴하여, 절대 살아남지 못하게 하시오."

16-17 요압은 적의 성을 포위하고 있다가 우리아를 맹렬한 적의 군사들이 있는 지점으로 보냈다. 성을 방어하던 자들이 나와서 요압과 싸우니, 다윗의 군사 몇이 목숨을 잃었고 헷 사람 우리아도 죽었다.

18-21 요압은 다윗에게 상세한 전황 보고를 보냈다. 그는 전령에게 이렇게 지시했다. "왕께 전황 보고를 자세히 올린 뒤에 왕께서 화를 내시면, '왕의 신하 헷 사람 우리아도 죽었습니다' 하고 아뢰어라."

22-24 요압의 전령은 예루살렘에 이르러 왕에게 상세하게 보고했다. "적의 군대가 우리보다 더 강했습니다. 그들이 넓은 들판 쪽으로 진격해 오기에 우리는 그들을 성문으로 밀어붙였습니다. 그런데 성벽 위에서 우리 쪽으로 화살이 맹렬히 날아오는 과정에서 왕의 군사 열여덟 명이 죽었습니다."

25 전령이 전황 보고를 마치자, 다윗은 요압에게 화가 났다. 그는 전령에게 분통을 터뜨렸다. "너희가 어찌하여 성에 그렇게 가까이 다가갔느냐? 성벽 위에서 공격이 있을 줄 몰랐느냐? 여룹베셋의 아들 아비멜렉이 어떻게 죽었는지 너희가 잊었느냐? 데벳스의 성벽 위에서 맷돌을 떨어뜨려 그를

바스러뜨린 것이 한 여인이 아니었더냐? 그런데도 너희가
어찌하여 성벽에 바짝 다가갔느냐!"

요압의 전령이 말했다. "왕의 신하 헷 사람 우리아도 죽었습
니다."

그러자 다윗은 전령에게 말했다. "알았다. 요압에게 이렇게
전하고 격려해 주어라. '그대는 이 일로 고민하지 마시오.
전쟁에서는 이 사람이 죽기도 하고 저 사람이 죽기도 하는
법이니, 누가 다음 차례인지 알 수 없소. 더욱 맹렬히 공격
해서 그 성을 함락시키시오.'"

²⁶⁻²⁷ 우리아의 아내는 남편이 죽었다는 소식을 듣고 그를 위
해 슬피 울었다. 애도 기간이 끝나자, 다윗은 사람을 보내
그녀를 왕궁으로 데려오게 했다. 그녀는 다윗의 아내가 되
어 그의 아들을 낳았다.

### 나단의 책망과 다윗의 회개

**12** ²⁷⁻³ 그러나 하나님께서는 다윗이 한 일을 조금도
기뻐하지 않으셨다. 하나님께서 다윗에게 나단
을 보내셨다. 나단이 그에게 말했다. "한 성읍에 두 사람이
있었는데, 한 사람은 부유하고 다른 사람은 가난했습니다.
부자는 양 떼와 소 떼가 아주 많았으나, 가난한 사람은 자기
가 사서 기른 새끼 암양 한 마리밖에 없었습니다. 그 양은
그와 그의 자녀들과 함께 한가족처럼 자랐습니다. 양은 그
의 접시에서 먹고 그의 잔에서 마시며 그의 침대에서 잤습

니다. 그에게는 딸과 같은 존재였습니다.

4 하루는 한 나그네가 부자의 집에 찾아왔습니다. 그런데 부자는 자기 소 떼나 양 떼 중에서 짐승을 잡아 손님의 식사를 차리고 싶지 않았습니다. 너무나 인색한 사람이었던 그는 가난한 사람의 암양을 빼앗아 식사를 차려 손님 앞에 내놓았습니다."

5-6 다윗은 크게 화를 내며 나단에게 말했다. "**하나님**께서 참으로 살아 계심을 두고 맹세하는데, 그런 일을 한 사람은 마땅히 죽어야 할 것입니다! 죄를 짓고 인색하게 굴었으니 그 양을 네 배로 갚아야 합니다!"

7-12 "왕이 바로 그 사람입니다!" 나단이 말했다. "**하나님** 이스라엘의 하나님께서 왕에게 말씀하십니다. '내가 너를 이스라엘의 왕으로 삼았다. 내가 너를 사울의 손아귀에서 벗어나게 했다. 내가 네게 네 주인의 딸과 아내들을 주어 소유하고 품게 했다. 내가 네게 이스라엘과 유다도 주었다. 그것으로 부족했다면, 내가 기꺼이 더 주었을 것이다. 그런데 네가 어찌하여 **하나님**의 말씀을 업신여기고 이 큰 악을 행하였느냐? 너는 헷 사람 우리아를 죽이고 그의 아내를 빼앗아 네 아내로 삼았다. 더구나 너는 그를 암몬 사람의 칼로 죽였다! 네가 이렇게 하나님을 업신여기고 헷 사람 우리아의 아내를 빼앗았으니, 이제 살인과 살육이 두고두고 네 집안을 괴롭힐 것이다. 나 **하나님**이 하는 말을 명심하여라! 내가 바로 네 집안의 일로 너를 괴롭게 할 것이다. 네가 보는 앞에서 네 아내

들을 빼앗아 너와 가까운 사람에게 주겠고, 그는 공공연하게 그들과 잠자리를 같이할 것이다. 너는 은밀하게 했지만, 나는 온 나라가 지켜보는 가운데 이 일을 행할 것이다!'"

13-14 그러자 다윗이 나단에게 고백했다. "내가 **하나님께 죄를 지었습니다.**"

나단이 단언했다. "예, 그러나 이것이 최종 선고는 아닙니다. **하나님께서 왕의 죄를 용서하십니다.** 왕께서는 이번 일로 죽지 않을 것입니다. 그러나 왕이 낳은 아들은 하나님을 모독한 왕의 행동 때문에 죽을 것입니다."

15-18 나단이 집으로 돌아간 뒤에, **하나님께서** 우리아의 아내가 다윗에게 낳아 준 아이를 앓게 하셔서, 아이가 병이 들었다. 다윗은 어린 아들을 위해 하나님께 간절히 기도했다. 그는 금식하면서 밖에 나가지도 않은 채 잠도 바닥에서 잤다. 집안의 어른들이 와서 바닥에 앉은 그를 일으키려 했으나, 그는 꿈쩍도 하지 않았다. 또한 그들은 그에게 아무것도 먹일 수 없었다. 칠 일째 되던 날에 아이가 죽었다. 다윗의 신하들은 "이제 우리가 어찌하면 좋겠소? 아이가 살아 있을 때도 왕은 우리 말을 한 마디도 들으려 하지 않으셨는데, 이제 아이가 죽었으니 그 말을 전하면 왕이 어찌하시겠소" 하고 말했다.

19 다윗은 신하들이 자기 등 뒤에서 수군거리는 것을 보고 아이가 죽은 것을 알아차렸다.

그가 신하들에게 물었다. "아이가 죽었소?"

그들이 대답했다. "그렇습니다."

20 다윗은 바닥에서 일어나 얼굴을 씻고 머리를 빗고 옷을 새로 갈아입은 뒤에 성전에 들어가서 예배했다. 그리고 왕궁에 와서 먹을 것을 차리게 했다. 그들이 음식을 차려 놓자 그가 먹었다.

21 신하들이 그에게 물었다. "어찌 된 일입니까? 아이가 살아 있을 동안에는 금식하고 울며 밤을 지새우시다가, 아이가 죽고 난 지금은 일어나셔서 드시니 말입니다."

22-23 다윗이 말했다. "아이가 살아 있을 동안에는 **하나님**께서 내게 자비를 베푸셔서 아이가 살게 될까 하여 금식하며 울었소. 하지만 이제 아이가 죽었으니 무엇 때문에 금식을 하겠소? 내가 아이를 다시 데려올 수 있겠소? 내가 그 아이에게 갈 수는 있어도, 아이가 내게 올 수는 없소."

24-25 다윗은 가서 아내 밧세바를 위로했다. 그녀와 잠자리를 같이하니, 그녀가 아들을 임신했다. 아이가 태어나자 그 이름을 솔로몬이라고 했다. **하나님**께서 그를 특별히 사랑하셔서 예언자 나단을 통해 말씀을 주셨는데, **하나님**께서 그의 이름을 여디디야(하나님의 사랑받는 자)라고 하기 원하신다는 말씀이었다.

❀

26-30 랍바에서 암몬 사람과 전쟁중이던 요압은 암몬 왕의 도성을 점령했다. 그는 다윗에게 전령을 보내 말했다. "제가

랍바에서 싸워, 방금 성의 급수 시설을 점령했습니다. 왕께서는 급히 남은 군대를 소집하여 이 성에 진을 치고 직접 마무리하십시오. 그렇지 않으면 제가 성을 점령하여 왕 대신 모든 공로를 취하게 될 것입니다." 그래서 다윗은 군대를 모아 랍바로 가서 싸우고 그곳을 점령했다. 다윗이 암몬 왕의 머리에서 왕관을 벗겼는데, 금관에 보석이 박혀 있어 아주 무거웠다. 다윗이 그 관을 들어 머리에 썼다. 그들은 그 성을 약탈하여 엄청난 양의 전리품을 가져왔다.

³¹ 다윗은 그곳 백성을 성에서 다 내보내고 종처럼 톱질과 곡괭이질, 도끼질과 벽돌을 굽는 일을 시켰다. 그는 암몬 사람의 모든 성읍에서 그와 같이 행했다. 그러고 나서 다윗과 군대는 예루살렘으로 돌아왔다.

암논과 다말

# 13

¹⁻⁴ 그 후에 이런 일이 있었다. 다윗의 아들 압살롬에게는 아주 매력적인 누이가 있었다. 그녀의 이름은 다말이었다. 다윗의 다른 아들인 암논이 다말을 사랑했다. 암논은 상사병이 날 정도로 누이 다말에게 빠져 있었다. 다말이 처녀였으므로, 암논은 그녀를 자기 손에 넣을 방법을 찾을 수 없었다. 암논에게 요나답이라는 친한 친구가 있었는데, 그는 다윗의 형 시므아의 아들이었다. 요나답은 남달리 세상 물정에 밝았다. 그가 암논에게 말했다. "왕자께서 어찌 날마다 이렇게 침울해 계십니까? 무엇 때문에

속을 태우고 계신지 나에게 말씀해 보십시오."

암논이 말했다. "내 동생 압살롬의 누이인 다말 때문이라네. 내가 다말을 사랑한다네."

5 요나답이 말했다. "이렇게 하시면 됩니다. 자리에 누워서 병이 난 척하십시오. 왕께서 왕자님을 보러 오시거든 '제 누이 다말이 와서 제 앞에서 저녁을 차리고, 제게 먹이도록 해주십시오' 하고 말씀드리십시오."

6 그리하여 암논은 자리에 드러누워 앓는 척했다. 왕이 보러 오자 암논은 "청이 있습니다. 제 누이 다말이 와서 제 앞에서 영양가 있는 음식을 빚어, 제게 먹이도록 해주십시오" 하고 말했다.

7 다윗은 마침 집에 있던 다말에게 말을 전했다. "네 오라비 암논의 집으로 가서 그에게 식사를 차려 주거라."

8-9 다말이 오라버니 암논의 집으로 갔다. 다말은 그가 침상에서 지켜보는 가운데 밀가루를 반죽하여 음식을 빚어 구웠다. 다말이 그릇을 가져다가 암논 앞에 내놓았지만, 암논은 먹으려 하지 않았다.

9-11 암논이 "사람들을 집 밖으로 다 내보내라" 하고 말했다. 모두 나가자 그가 다말에게 말했다. "음식을 내 방으로 가져오너라. 거기서 우리끼리 먹자꾸나." 다말은 직접 준비한 영양가 있는 음식을 들고 방 안의 오라버니에게 갔다. 다말이 먹여 주려고 하자, 암논이 다말을 붙잡고 말했다. "누이야, 나와 함께 자자!"

12-13 "안됩니다, 오라버니!" 다말이 말했다. "나에게 욕을 보이지 마십시오! 이런 일은 이스라엘에서 있을 수 없는 일입니다! 이 끔찍한 짓을 하지 마세요! 그렇게 되면 내가 어떻게 낯을 들고 다닐 수 있겠습니까? 오라버니도 길거리로 쫓겨나 망신을 당하게 될 거예요. 제발! 왕께 말씀드리세요. 그러면 나와 결혼하게 해주실 겁니다."

14 그러나 암논은 들으려 하지 않았다. 그는 다말보다 훨씬 힘이 셌으므로 억지로 그녀를 욕보였다.

15 그녀를 욕보이자마자, 암논은 그녀가 몹시도 미워졌다. 이제 그녀를 미워하는 마음이 그녀를 사랑했던 마음보다 훨씬 더 강했다. 암논이 말했다. "당장 일어나, 꺼져 버려!"

16-18 "이러면 안됩니다, 오라버니." 다말이 말했다. "제발! 이것은 오라버니가 방금 나에게 행한 것보다 더 못된 짓입니다!"

암논은 다말의 말을 들으려 하지 않았다. 그는 시종을 불렀다. "이 여자를 내 앞에서 내쫓고 문을 걸어 잠가라!" 시종은 그녀를 내쫓고 문을 걸어 잠갔다.

18-19 다말은 소매가 긴 웃옷을 입고 있었다(결혼하지 않은 공주들은 사춘기에 들어서면서부터 그렇게 했다). 다말은 자기 머리에 재를 뿌리고 소매가 긴 웃옷을 찢고 두 손으로 머리를 감싸 쥔 채 흐느껴 울면서 나갔다.

20 다말의 오라버니 압살롬이 그녀에게 말했다. "네 오라버니 암논이 너를 가지고 놀았느냐? 내 사랑하는 누이야, 집

안 문제니 일단 조용히 있자. 어쨌든 그도 네 오라버니 아니
냐. 이 일로 너무 힘들어하지 마라." 다말은 괴롭고 쓸쓸하
게 오라버니 압살롬의 집에서 살았다.

21-22 다윗 왕은 이 모든 이야기를 듣고 격분했으나 암논을
징계하지 않았다. 그가 맏아들이었으므로 다윗은 그를 아꼈
다. 압살롬은 누이 다말을 욕보인 암논을 미워하여, 그와 말
도 하지 않고 지냈다. 좋은 말이든 나쁜 말이든 한 마디도
하지 않았다.

23-24 그로부터 이 년이 지났다. 하루는 압살롬이 에브라임
근처의 바알하솔에서 양털을 깎는 잔치를 벌이고 왕의 아
들들을 모두 초대했다. 그는 왕에게도 찾아가서 초대했다.
"보십시오. 제가 양털을 깎는 잔치를 벌이는데 오셨으면 좋
겠습니다. 신하들도 데리고 오십시오."

25 그러나 왕은 말했다. "아니다, 아들아. 이번에 온 집안이
가지 않겠다. 우리가 네게 짐만 될 것이다." 압살롬이 강권
했으나, 다윗은 뜻을 바꾸지 않았다. 대신 압살롬을 축복해
주었다.

26-27 그러자 압살롬은 "왕께서 오시지 않으면 형 암논이라도
오게 해주십시오" 하고 말했다.

왕이 말했다. "그가 그 자리에 가야 할 까닭이 무엇이냐?"
하지만 압살롬이 하도 고집해서, 왕은 뜻을 굽히고 암논과
왕의 나머지 모든 아들을 보냈다.

28 압살롬은 왕에게 어울리는 연회를 준비했다. 그리고 부하

들에게 지시했다. "잘 들어라. 암논이 술을 마시고 잔뜩 취
했을 때 내가 '암논을 치라'는 명령을 내릴 것이다. 그러면
너희는 그를 죽여라. 내가 내리는 명령이니 두려워할 것 없
다. 용기를 내어라! 너희는 할 수 있다!"

29-31 압살롬의 부하들은 주인이 지시한 대로 암논을 죽였다.
그러자 왕의 아들들은 정신없이 그 자리를 빠져나가 노새에
올라타고 달아났다. 그들이 달아나고 있는 동안에, "압살롬
이 방금 왕의 아들들을 하나도 남김없이 다 죽였다!"는 소
식이 왕에게 들어갔다. 왕은 일어나서 옷을 갈기갈기 잡아
찢고 바닥에 엎드렸다. 주변에 서 있던 모든 신하도 그와 같
이 했다.

32-33 그때 왕의 형 시므아의 아들 요나답이 나섰다. "왕의 젊
은 아들들이 다 죽은 것으로 생각하지 마십시오. 암논 한 사
람만 죽었습니다. 이런 일이 벌어진 것은 암논이 압살롬의
누이 다말을 욕보인 일로 압살롬이 분개했기 때문입니다.
그러니 왕께서는 아들들이 다 죽은 것으로 생각하여 사태를
악화시키시면 안됩니다. 오직 암논만 죽었습니다."

34 그 사이에 압살롬이 도망쳐 버렸다.
그때 근무중이던 초병이 눈을 들어 보니, 산자락을 따라 호
로나임에서 오는 길에 먼지 구름이 일었다. 초병이 와서 왕
에게 아뢰었다. "한 무리의 사람들이 산모퉁이를 돌아 호로
나임 길로 오고 있습니다."

35-37 그러자 요나답이 왕에게 소리쳤다. "보십시오! 제가 말

쏟드린 대로 왕의 아들들이 오고 있습니다!" 그가 말을 마치자마자 왕의 아들들이 큰소리로 울며 들이닥쳤다! 왕과 모든 신하도 함께 눈물을 흘리며 큰소리로 울었다. 다윗은 암논의 죽음을 오래도록 슬퍼했다.

37-39 도망친 압살롬은 그술 왕 암미훌의 아들 달매에게 갔다. 그는 삼 년을 그곳에 머물렀다. 마침내 왕은 압살롬을 벌하려던 생각을 포기했다. 체념하고 암논의 죽음을 받아들였던 것이다.

# 14

1-3 스루야의 아들 요압은, 왕이 속으로는 압살롬을 걱정하고 있다는 것을 알았다. 그래서 드고아로 사람을 보내어 그곳에 사는 한 지혜로운 여인을 불러 지시했다. "너는 상중인 척하여, 검은 옷을 입고 머리를 빗지 말고, 사랑하는 사람을 보내고 오랫동안 슬퍼한 사람처럼 보이도록 하여라. 그 다음에 왕께 가서 이렇게 아뢰어라." 그러고 나서 요압은 그 여인이 할 말을 정확히 일러 주었다.

4 드고아 여인은 왕에게 가서 그 앞에 엎드려 절하고 경의를 표하며 말했다. "왕이시여, 도와주십시오!"

5-7 왕이 말했다. "어떻게 도와주면 되겠느냐?"

여인이 말했다. "저는 과부입니다. 남편은 죽고 두 아들만 남았습니다. 그 둘이 들판에서 싸움이 붙었는데, 끼어들어

말려 줄 사람이 주위에 아무도 없었습니다. 그래서 하나가 다른 하나를 쳐서 죽였습니다. 그러자 온 집안이 제게 달려 들어 '살인자를 내놓아라. 그가 형제를 죽였으니 우리가 그 목숨 값으로 그를 죽이겠다!'고 요구했습니다. 그들은 상속 자를 없애 제게 남은 생명의 작은 불씨마저 꺼뜨리려고 합 니다. 그렇게 되면 이 땅에 제 남편의 흔적은 아무것도, 그 야말로 이름조차도 남지 않게 됩니다.

15-17 그래서 이 모든 일로 감히 내 주인이신 왕께 나왔습니 다. 그들이 제 삶을 비참하게 만드니, 저는 두렵습니다. 저 는 마음속으로 이렇게 생각했습니다. '왕께 가야겠다. 왕이 시라면 무슨 방법이 있으실 것이다! 왕께서 이 사정을 들으 시면, 나와 내 아들과 하나님의 유산을 모조리 없애 버리려 는 사람들의 횡포에서 나를 구해 주실 것이다!' 또한 이 종 은 일찍이 '왕께서는 선악을 분별하시는 데 있어 하나님의 천사와 같은 분이시니, 이 일에 최종 판결을 내려 주실 것이 다' 하고 생각했습니다. **하나님**께서 왕과 함께하시기를 빕 니다!"

8 왕이 말했다. "내가 이 일을 처리해 줄 테니, 집으로 가 있 거라."

9 드고아 여인이 말했다. "무슨 일이 일어나든지 그 책임은 모두 제가 지겠습니다. 저는 왕과 왕의 명예에 누를 끼치고 싶지 않습니다."

10 왕이 말을 이었다. "지금까지 너를 괴롭히던 그 사람을 데

려오너라. 더 이상 너를 괴롭게 하지 못하도록 내가 조치할
것이다."

¹¹ 여인이 말했다. "왕께서는 **하나님**의 이름으로 말씀하셔
서, 자기 멋대로 정의를 실행하겠다는 이 자가 제 아들을 죽
이는 것은 물론이요 그 어떤 것도 하지 못하게 해주십시오."
왕이 말했다. "**하나님**께서 참으로 살아 계심을 두고 맹세한
다. 네 아들의 머리카락 하나도 잃지 않을 것이다."

¹² 그러자 여인이 물었다. "내 주인이신 왕께 한 가지만 더
아뢰어도 되겠습니까?"

왕이 말했다. "말해 보아라."

¹³⁻¹⁴ 여인이 말했다. "그렇다면 어찌하여 왕께서는 하나님의
백성에게 바로 그 같은 일을 행하셨습니까? 왕께서는 내쫓
긴 아들을 집에 데려오지 않으시니, 방금 내리신 판결대로
라면 자신에게 유죄를 선고하신 셈입니다. 우리는 모두 언
젠가는 죽습니다. 한번 땅에 쏟은 물은 다시 담을 수 없습니
다. 하지만 하나님께서는 생명을 빼앗지 않으십니다. 그분은
기어이 방법을 내서서 쫓겨난 자라도 돌아오게 하십니다."

¹⁸ 그러자 왕이 말했다. "내가 네게 하나 묻겠다. 진실하게
대답하여라."

여인이 말했다. "예, 내 주인이신 왕께서는 말씀하십시오."

¹⁹⁻²⁰ 왕이 말했다. "이 일에 요압이 개입되었느냐?"

"내 주인인 왕이시여, 왕 앞에서는 오른쪽으로든 왼쪽으로
든 피할 자가 하나도 없습니다! 그렇습니다. 저에게 이 일을

시키고 이 모든 말을 일러 준 사람은 주인님의 신하 요압입니다. 요압은 이 모든 일을 되돌리고 싶어 그렇게 한 것입니다. 그러나 왕께서는 하나님의 천사처럼 지혜로우시니, 이 땅에서 일어난 일들을 어떻게 처리해야 할지 다 아실 것입니다."

21 왕이 요압에게 말했다. "좋소. 그대 뜻대로 하겠소. 가서 어린 압살롬을 데려오시오."

22 요압은 공손히 엎드려 절하며 왕을 축복했다. "왕께서 이 종의 권고를 받아 주시니, 제가 여전히 왕의 은총과 신임을 얻고 있음을 알겠습니다."

23-24 요압은 일어나 그술로 가서 압살롬을 예루살렘으로 데려왔다. 왕이 말했다. "그가 자기 집으로 돌아가도 좋으나, 나를 대면하여 볼 수는 없다." 그래서 압살롬은 집으로 돌아갔다. 왕을 보는 일은 허락되지 않았다.

25-27 압살롬은 준수한 외모로 인해 온 이스라엘에서 사람들의 입에 수없이 오르내렸다! 그는 머리끝에서 발끝까지 흠이 하나도 없었다! 머리숱이 아주 많아서 봄이면 늘 짧게 깎았는데, 머리를 깎고 나면 머리털의 무게가 1킬로그램이 넘었다! 압살롬은 아들 셋과 딸 하나를 낳았다. 딸은 이름이 다말인데, 아름다웠다.

28-31 압살롬은 이 년 동안 예루살렘에 살았으나, 한 번도 왕을 대면하여 보지 못했다. 그는 요압에게 사람을 보내어 왕을 보게 해달라고 요청했지만, 요압은 미동도 하지 않았다.

그가 다시 사람을 보냈으나, 요압의 태도는 마찬가지였다. 그래서 압살롬은 종들에게 말했다. "잘 들어라. 요압의 밭과 내 밭이 서로 붙어 있는데, 그가 거기에 보리 농사를 지어 놓았다. 가서 그 밭에 불을 놓아라." 그래서 압살롬의 종들이 그 밭에 불을 놓았다. 그제야 요압이 움직였다. 그가 압살롬의 집에 와서 말했다. "어찌하여 종들을 시켜 내 밭에 불을 놓았습니까?"

32 압살롬이 대답했다. "들으시오. 나는 당신에게 사람을 보내 이렇게 말했소. '빨리 와 주시오. 내가 당신을 왕께 보내 "제가 그술에서 돌아온 것이 무슨 소용이 있습니까? 차라리 계속 거기 있는 편이 더 나았겠습니다!" 하고 여쭙고 싶소. 내가 왕을 뵐 수 있게 해주시오. 왕이 보시기에 내게 죄가 있다면 나를 죽이셔도 좋소.'"

33 요압은 왕에게 가서 사정을 아뢰었다. 압살롬은 그제야 부름을 받았다. 그는 왕 앞에 나아가 공손히 엎드려 절했다. 왕은 압살롬에게 입을 맞추었다.

### 압살롬이 반란을 일으키다

**15** 1-2 세월이 흘렀다. 압살롬은 말이 끄는 전차를 즐겨 탔는데, 쉰 명의 부하가 그 앞에서 달렸다. 그는 아침마다 일찍 성문 앞 길가에 자리를 잡았다. 누가 왕의 판결을 받기 위해 송사를 가지고 나타나면, 압살롬은 그를 불러서 "어디 출신이오?" 하고 물었다.

그러면 "좋은 이스라엘의 어느 지파 출신입니다"라는 대답
이 돌아왔다.

3-6 이에 압살롬은 "보시오. 당신의 주장이 옳지만 왕께서는
당신의 말을 들어주지 않으실 것이오" 하고 말했다. 또한 그
는 "왜 아무도 나를 이 땅의 재판관으로 삼지 않는지 모르겠
소. 누구든지 소송할 것을 내게 가져오면, 아주 공정하게 처
리해 줄 텐데 말이오" 하고 말했다. 누가 그에게 특별히 예
를 갖출 때마다, 압살롬은 그를 일으켜 세우며 대등한 사람
처럼 대하여 그가 중요하다는 느낌을 심어 주었다. 압살롬
은 왕에게 볼일이 있어 오는 모든 사람을 그렇게 대했고, 결
국 모든 이스라엘 사람의 마음을 사로잡았다.

7-8 그렇게 사 년이 지난 후에, 압살롬이 왕에게 말했다. "헤
브론에 가서 제가 **하나님**께 드렸던 서원을 갚게 해주십시
오. 이 종이 아람의 그술에 살 때, **하나님**께서 저를 예루살
렘으로 돌아가게 해주시면 평생 동안 그분을 섬기겠다고 서
원했습니다."

9 왕이 그에게 말했다. "내가 축복하니 가거라." 압살롬은
일어나 헤브론으로 떠났다.

10-12 그 후에 압살롬은 이스라엘의 모든 지파에 첩자들을 보
내 메시지를 전했다. "숫양 뿔나팔 소리가 들리거든 그것을
신호로 알고 '압살롬이 헤브론에서 왕이 되었다!' 하고 외쳐
라." 예루살렘에서 이백 명이 압살롬과 함께 떠났다. 그들
은 압살롬의 음모에 대해서는 전혀 모른 채 소집되어, 별다

른 생각 없이 그곳으로 갔다. 압살롬은 제사를 드리면서 다윗의 보좌관인 길로 사람 아히도벨을 끌어들일 수 있었다. 그는 사람을 보내어 아히도벨을 그의 고향 길로에서 오게 했다. 음모는 점점 탄탄해졌고, 압살롬의 지지 세력은 불어났다.

13 누군가가 다윗에게 와서 보고했다. "백성의 마음이 모두 압살롬에게 기울었습니다!"

14 "일어나 이곳을 떠나자!" 다윗이 예루살렘에 함께 있던 신하들에게 소리쳤다. "필사적으로 달아나야 한다. 그렇지 않으면 우리 중 누구도 압살롬을 피하지 못할 것이다! 서둘러라. 그가 곧 성을 완전히 무너뜨리고 우리를 모조리 죽일 것이다!"

15 왕의 신하들이 말했다. "무엇이든 우리 주인이신 왕께서 말씀하시는 대로 따르겠습니다. 우리는 끝까지 왕과 함께하겠습니다!"

16-18 왕과 그의 온 집안은 걸어서 피난을 떠났다. 왕은 후궁 열 명을 뒤에 남겨 왕궁을 돌보게 했다. 그렇게 그들이 길을 떠나 한 걸음 한 걸음 가다가 마지막 궁에서 잠시 멈추었다. 그때 온 군대가 왕 앞으로 지나갔다. 모든 그렛 사람과 모든 블렛 사람, 그리고 가드에서 왕과 함께 행군해 온 가드 사람 육백 명이 왕 앞으로 지나갔다.

19-20 왕이 가드 사람 잇대에게 큰소리로 말했다. "여기서 무엇을 하고 있는 거요? 압살롬에게 돌아가시오. 그대는 이곳

에서 나그네고 고국에서 뿌리를 잃은 지 얼마 되지 않았소.
그대가 겨우 얼마 전 이곳에 왔는데, 내가 어떻게 그대에게
떠돌이 생활을 감당하면서 우리 쪽에 명운을 걸라고 할 수
있겠소? 돌아가시오. 그대의 집안 사람도 모두 데리고 가시
오. 하나님의 은혜와 진리가, 그대와 함께하기를 빌겠소!"
²¹ 잇대가 대답했다. "**하나님**께서 살아 계심과 내 주인이신
왕께서 살아 계심을 두고 맹세합니다. 내 주인께서 계신 그
곳이, 죽든지 살든지 제가 있는 곳이 될 것입니다."
²² "알겠소. 앞장서시오." 다윗이 말했다. 그래서 가드 사람 잇
대와 그의 모든 부하와 그와 함께한 모든 자녀가 앞서 갔다.
²³⁻²⁴ 그들이 지나갈 때, 온 나라가 크게 슬퍼하며 울었다. 왕
이 기드론 시내를 건너자, 군대는 광야 길로 향했다. 그곳에
사독이 있었고 **하나님**의 언약궤를 멘 레위인도 함께 있었
다. 그들은 하나님의 궤를 내려놓았다. 아비아달도 그 곁에
서서 그들이 모두 성을 빠져나갈 때까지 기다렸다.
²⁵⁻²⁶ 그때 왕이 사독에게 명령했다. "궤를 가지고 성으로 돌
아가시오. 만일 내가 다시 **하나님**의 선하신 은혜를 입으면,
그분께서 나를 데려오셔서 궤가 있던 곳을 다시 보게 하실
것입니다. 그러나 그분께서 '내가 너를 기뻐하지 않는다'고
말씀하시면, 그때는 무엇이든 그분의 뜻대로 내게 행하셔도
좋습니다."
²⁷⁻³⁰ 왕이 또 제사장 사독에게 지시했다. "나에게 계획이 있
습니다. 그대의 아들 아히마아스와 아비아달의 아들 요나단

을 데리고 성으로 평안히 돌아가시오. 그대들이 내게 근황
을 전해 올 때까지, 나는 요단 강 건너편 광야의 한 지점에
서 기다리겠습니다." 그래서 사독과 아비아달은 하나님의
궤를 가지고 예루살렘으로 돌아가 궤를 그 자리에 두었고,
다윗은 머리를 가리고 울면서 맨발로 올리브 산을 올라갔
다. 온 군대도 그와 함께 머리를 가리고 울면서 올라갔다.

31 다윗은 "아히도벨이 압살롬과 함께 음모를 꾸민 자들과
한패가 되었다"는 말을 들었다. 다윗은 "**하나님**, 아히도벨
의 조언이 어리석은 것이 되게 해주십시오" 하고 기도했다.

32-36 다윗이 하나님을 예배하는 산꼭대기에 가까이 왔을 때,
아렉 사람 후새가 옷이 갈기갈기 찢기고 머리에 흙을 뒤집어
쓴 채로 그곳에서 다윗을 기다리고 있었다. 다윗이 말했다.
"그대가 나와 함께 가면 짐만 될 뿐이오. 성으로 돌아가서 압
살롬에게 '왕이시여, 내가 기꺼이 왕의 종이 되겠습니다. 내
가 전에는 당신 아버지의 신하였으나, 이제는 왕의 신하입니
다' 하고 말하시오. 그렇게 하면 그대는 그곳에서 나를 위해
아히도벨의 조언을 어지럽힐 수 있을 것이오. 제사장 사독과
아비아달이 이미 그곳에 있소. 그대가 왕궁에서 얻는 모든
정보를 그들에게 알려 주시오. 그들의 두 아들 곧 사독의 아
들 아히마아스와 아비아달의 아들 요나단도 거기에 함께 있
으니, 무엇이든 그대가 얻는 것을 그들 편에 보내면 되오."

37 다윗의 친구 후새가 성에 도착할 즈음 압살롬도 예루살렘
으로 들어오고 있었다.

# 16

¹ 다윗이 산마루를 지난 지 얼마 안되어 므비보셋의 종인 시바가 짐을 가득 실은 짐승 한 떼를 이끌고 왕을 맞이했다. 안장을 지운 짐승 등에는 빵 백 덩이, 건포도과자 백 개, 신선한 과일 백 광주리, 포도주 한 가죽부대가 실려 있었다.

² 왕이 시바에게 말했다. "이것이 다 무엇이냐?"

시바가 말했다. "나귀들은 왕의 가족들이 타고, 빵과 포도주는 신하들이 먹도록 가져왔습니다. 포도주는 광야에서 피로에 지친 사람들에게 도움이 될 것입니다."

³ 왕이 말했다. "그런데 네 주인의 손자는 어디 있느냐?"

시바가 말했다. "그는 예루살렘에 남았습니다. 그는 '지금이야말로 이스라엘이 내 할아버지의 나라를 내게 돌려줄 때다' 하고 말했습니다."

⁴ 왕이 말했다. "므비보셋에게 속한 모든 것이 이제 네 것이다."

시바가 말했다. "무슨 말로 감사를 드려야 할지 모르겠습니다. 내 주인인 왕이시여, 저는 영원히 왕께 은혜를 입은 자입니다. 언제나 저를 이렇게 너그러이 살펴 주시기를 바랍니다!"

⁵⁻⁸ 왕이 바후림에 이르자, 사울 집안의 친척 한 사람이 나타났다. 그는 게라의 아들로, 이름은 시므이였다. 그는 따라오면서 큰소리로 다윗과 그의 신하와 군사들에게 욕을 퍼붓고 마구 돌을 던졌다. 그는 저주하며 이렇게 소리쳤다. "이 학살자야, 잔인한 자야, 꺼져 버려라. 사라져 버려라! 네가 사

울 집안에 온갖 비열한 짓을 행하고 그의 나라를 빼앗은 것
을 **하나님**께서 이렇게 벌하시는구나. **하나님**께서 이 나라를
네 아들 압살롬의 손에 넘겨주셨다. 네 꼴을 보아라. 망했구
나! 꼴좋다. 이 딱한 노인네야!"

⁹ 스루야의 아들 아비새가 말했다. "저 천한 개가 내 주인이
신 왕을 이렇게 모욕하도록 놔둘 수 없습니다. 제가 건너가
서 목을 베겠습니다!"

¹⁰ 그러나 왕이 말했다. "너희 스루야의 아들들은 어째서 걸
핏하면 끼어들고 나서는 것이냐? 그가 저주를 하는 까닭은
**하나님**께서 '다윗을 저주하라'고 하셨기 때문이다. 그러니
누가 감히 그를 나무라겠느냐?"

¹¹⁻¹² 다윗은 아비새와 나머지 신하들에게 말했다. "그뿐 아
니라 내 아들, 내 혈육이 지금 나를 죽이려 하고 있소. 거기
에 비하면 저 베냐민 사람이 하는 일은 아무것도 아니오. 그
에게 마음 쓰지 마시오. 저주하게 놔두시오. 그는 내게 **하나
님**의 말씀을 전하고 있는 것이오. 혹시 **하나님**께서 오늘 내
가 처한 곤경을 보시고 이 저주를 좋은 일로 바꾸어 주실지
누가 알겠소."

¹³ 다윗과 그의 부하들이 계속해서 길을 가는 동안, 시므이
는 산등성이를 나란히 따라오면서 저주하고 돌을 던지며 흙
먼지를 일으켰다.

¹⁴ 다윗과 그의 일행이 요단 강에 이르렀을 즈음, 그들은 지칠
대로 지쳐 있었다. 거기서 쉬면서 그들은 기운을 되찾았다.

<sup>15</sup> 그 즈음 압살롬과 그의 부하들은 예루살렘에 있었다. 아히도벨도 그들과 함께 있었다.

<sup>16</sup> 그때에 다윗의 친구인 아렉 사람 후새가 압살롬에게 와서 인사했다. "압살롬 왕 만세! 압살롬 왕 만세!"

<sup>17</sup> 압살롬이 후새에게 말했다. "그대가 친한 친구에게 표하는 우정의 방식이 이것이오? 그대는 왜 친구인 다윗과 함께 가지 않았소?"

<sup>18-19</sup> 후새가 말했다. "**하나님**과 이 백성과 이스라엘이 택한 분과 함께 있고 싶어서 그랬습니다. 나는 왕과 함께 남고 싶습니다. 이제 압살롬 왕 외에 누구를 섬길 수 있겠습니까? 전에 왕의 아버지를 섬긴 것처럼, 이제 기꺼이 왕을 섬기겠습니다."

<sup>20</sup> 그러자 압살롬이 아히도벨에게 말했다. "의견을 말해 보시오. 우리가 다음에 할 일은 무엇이오?"

<sup>21-22</sup> 아히도벨이 압살롬에게 말했다. "가서 왕의 아버지의 후궁들, 그가 왕궁을 돌보라고 남겨 둔 후궁들과 잠자리를 같이하십시오. 왕께서 아버지를 공개적으로 욕되게 했다는 소식을 모두가 듣게 될 테니, 왕 편에 선 사람들의 사기가 높아질 것입니다." 그래서 압살롬은 사람들이 볼 수 있도록 옥상 위에 천막을 치고 그 안에 들어가 아버지의 후궁들과 잠자리를 같이했다.

<sup>23</sup> 당시 아히도벨의 조언은 마치 하나님께서 친히 하시는 말씀처럼 여겨졌다. 다윗도 그렇게 생각했고 압살롬도 마찬가지였다.

# 17

1-3 아히도벨이 압살롬에게 제안했다. "제가 만이 천 명을 선발하여 오늘 밤 다윗을 쫓아가겠습니다. 그가 기진맥진해 있을 때 불시에 그를 덮치겠습니다. 그러면 모든 군대가 도망칠 텐데, 저는 다윗만 죽이겠습니다. 그러고 나서 신부를 신랑에게 되돌려 주듯 군대를 왕께 되돌려 드리겠습니다! 왕께서 찾는 사람은 어차피 한 명이 아닙니까. 그러면 모든 사람이 평안하게 될 것입니다!"

4 압살롬은 그것을 탁월한 전략이라 여겼고, 이스라엘의 모든 장로도 동의했다.

5 하지만 압살롬은 "아렉 사람 후새를 불러들여라. 그의 말도 들어 보자" 하고 말했다.

6 후새가 오자 압살롬이 그에게 물었다. "아히도벨이 이렇게 조언했소. 우리가 그 말대로 해도 되겠소? 그대 생각은 어떻소?"

7-10 후새가 말했다. "이번에는 적절치 않은 것 같습니다. 왕께서도 알다시피, 왕의 아버지와 그의 부하들은 용맹스러운 데다 새끼를 빼앗긴 곰처럼 잔뜩 화가 나 있습니다. 그뿐 아니라 백전노장인 왕의 아버지는 이 같은 상황에서 잠을 자다가 붙잡힐 사람이 아닙니다. 지금 우리가 말하고 있는 동안에도 그는 분명 동굴이나 다른 곳에 숨어 있을 것입니다. 그가 매복해 있다가 왕의 부하들을 덮치면 '압살롬의 군대가 죽임을 당했다!'는 말이 금세 퍼질 것입니다. 왕의 부하들이 용감하여 사자의 심장을 가졌다 해도, 그런 소식을 들

으면 이내 무너지고 말 것입니다. 왕의 아버지의 싸움 실력
이 대단하고 그와 함께한 부하들 또한 그러하다는 것을 온
이스라엘이 잘 알고 있습니다.

11-13 저의 조언은 이렇습니다. 단에서 브엘세바까지 온 나
라에서 바닷가의 모래알처럼 많은 군대를 소집하여 왕께서
그들을 직접 이끄십시오. 다윗이 어디에 있든지 우리가 그
를 찾아내어, 이슬이 땅에 내리는 것처럼 그를 습격할 것입
니다. 그러면 한 사람도 살아남지 못할 것입니다. 그가 어떤
성 안에 숨어 있다면, 군대 전체가 밧줄을 가지고 가서 그
성을 계곡으로 끌어내리면 됩니다. 그러면 그곳에는 돌멩이
하나 남지 않을 것입니다!"

14 압살롬과 그의 일행은 아렉 사람 후새의 조언이 아히도벨
의 조언보다 낫다는 데 뜻을 같이했다. (하나님께서 아히도벨
의 조언을 믿지 못하게 만들어 압살롬을 망하게 하시기로 작정하
셨던 것이다.)

15-16 그 후에 후새는 제사장 사독과 아비아달에게 말했다.
"아히도벨이 압살롬과 이스라엘 장로들에게 이러저러하게
조언했는데, 나는 그들에게 이러저러하게 조언했습니다. 이
제 최대한 빨리 다윗 왕께 이 메시지를 전하십시오. '강 이편
에서 밤을 보내지 말고 즉시 강을 건너십시오. 그렇지 않으면
왕과 왕과 함께한 모든 사람이 산 채로 삼켜질 것입니다.'"

17-20 요나단과 아히마아스는 엔로겔에서 배회하며 기다렸
다. 한 여종이 와서 그들에게 메시지를 전하면 그들이 다윗

왕에게 가서 알리기로 되어 있었다. 자칫 성 안에 들어가다
가 눈에 띄면 위험했기 때문이다. 그러나 한 군사가 그들을
보고 압살롬에게 알렸다. 그래서 그 두 사람은 재빨리 그곳
을 나와 바후림에 있는 어떤 사람의 집으로 갔다. 그 집 마
당에 우물이 있어 그들은 그 속으로 기어 들어갔다. 그 집의
안주인이 담요를 가져다 우물을 덮고 그 위에 곡식을 널어,
누구도 이상한 점을 눈치채지 못하게 했다. 얼마 안 되어 압
살롬의 부하들이 그 집에 와서 그녀에게 물었다. "아히마아
스와 요나단을 보았소?"

그 여인이 대답했다. "강 쪽으로 갔습니다."

부하들은 결국 그들을 찾지 못하고 예루살렘으로 돌아갔다.
²¹ 위험이 사라지자, 아히마아스와 요나단은 우물에서 기어
올라 와, 그 길로 다윗 왕에게 가서 보고했다. "일어나서 빨
리 강을 건너십시오. 아히도벨이 왕께 불리한 조언을 했습
니다!"

²² 다윗과 그의 군대가 바로 일어나 이동하여 요단 강을 건
넜다. 동틀 무렵에는 요단 강을 건너지 못한 사람이 하나도
없었다.

²³ 아히도벨은 자신의 조언이 채택되지 않았음을 알고 나귀
에 안장을 지워 고향으로 떠났다. 그는 유언을 작성하고 집
을 정리한 뒤에, 목매달아 죽었다. 그는 가족 묘지에 묻혔다.

²⁴⁻²⁶ 다윗이 마하나임에 도착할 무렵, 압살롬은 이스라엘의

모든 군대와 함께 요단 강을 건넜다. 압살롬은 요압을 대신
하여 아마사를 군사령관으로 삼았다. (아마사는 이드라라는
사람의 아들인데, 이드라는 요압의 어머니 스루야의 여동생인 나
하스의 딸 아비갈과 결혼한 이스마엘 사람이다.) 이스라엘과 압
살롬은 길르앗에 진을 쳤다.

27-29 다윗이 마하나임에 이르자, 암몬의 랍바 출신 나하스의
아들 소비가 찾아왔고 로드발에서 암미엘의 아들 마길, 로
글림 출신 길르앗 사람 바르실래가 찾아왔다. 그들이 침상
과 이불을 가져왔고 밀과 보리, 밀가루, 볶은 곡식, 콩과 팥,
꿀, 소 떼와 양 떼에서 난 버터와 치즈가 가득 들어 있는 사
발과 단지도 가져왔다. 그들은 그 모든 것을 다윗과 그의 군
대에게 선물하면서 "군대가 광야에 있으니 얼마나 배고프고
피곤하며 목마르겠습니까" 하고 말했다.

**압살롬의 죽음**

# 18
1-2 다윗은 병력을 조직하여, 천부장과 백부장을
임명했다. 또 군대를 셋으로 나누어 삼분의 일은
요압 밑에, 삼분의 일은 스루야의 아들이요 요압의 동생인
아비새 밑에, 나머지 삼분의 일은 가드 사람 잇대 밑에 배치
시켰다.

그러고 나서 왕은 "나도 그대들과 함께 진군하겠소" 하고
공표했다.

3 그들이 말했다. "아닙니다. 왕께서 우리와 함께 진군하시

면 안됩니다. 우리가 어쩔 수 없이 후퇴해도 적은 신경 쓰지 않을 것입니다. 우리 가운데 절반이 죽어도 역시 마찬가지일 것입니다. 하지만 왕은 우리 만 명만큼의 가치가 있는 분입니다. 왕께서는 이 성 안에 계시면서 우리를 도우시는 편이 더 좋겠습니다."

4 왕이 말했다. "그렇다면 그대들 생각에 따르겠소." 그래서 그는 성문 옆에 남고, 온 군대는 백 명씩 천 명씩 진군해 나갔다.

5 그때 왕이 요압과 아비새와 잇대에게 명령했다. "나를 생각해서 어린 압살롬을 너그러이 대해 주시오." 왕이 압살롬에 대해 세 지휘관에게 내린 명령을 온 군대가 들었다.

6-8 군대는 출전하여 이스라엘과 맞섰다. 전투는 에브라임 숲에서 벌어졌다. 그날 거기서 이스라엘 군이 다윗의 부하들에게 참패했는데, 사상자가 이만 명에 이르는 엄청난 살육이었다! 그날 사방에서 허둥대며 싸우느라 칼에 죽은 사람보다 숲에서 죽은 사람이 더 많았다!

9-10 압살롬이 다윗의 부하들과 마주쳤다. 압살롬이 노새를 타고 그들 앞에 나섰을 때, 노새가 큰 상수리나무 가지 아래로 내달렸다. 압살롬의 머리가 상수리나무에 걸려 몸이 공중에 매달리고, 노새는 그 밑으로 빠져나갔다. 한 군사가 그것을 보고 요압에게 보고했다. "압살롬이 상수리나무에 매달려 있는 것을 방금 보았습니다."

11 요압은 그 소식을 알린 사람에게 말했다. "네가 그를 보

앉으면서, 왜 그 자리에서 죽이지 않았느냐? 그랬다면 너는 은화 열 개와 고급 허리띠를 상으로 받았을 것이다."

12-13 그러자 그 사람이 요압에게 말했다. "은화 천 개를 얻을 수 있다 해도, 저는 왕의 아들에게 해를 입히지 않을 것입니다. 왕께서 장군과 아비새 장군과 잇대 장군에게 '나를 생각해서 어린 압살롬을 지켜 주시오' 하고 말씀하시는 것을 우리 모두가 들었습니다. 왕께는 아무것도 숨길 수 없으니 자칫하면 제 목숨이 날아갈 것입니다. 장군께서 그 자리에 계셨어도 지켜보기만 하셨을 것입니다!"

14-15 요압이 말했다. "너와 허비할 시간이 없다." 그러더니 그는 칼 세 자루를 쥐고, 아직 나무에 산 채로 매달려 있는 압살롬의 심장을 찔렀다. 그러자 요압의 무기를 드는 자 열 명이 압살롬을 에워싸고 그를 마구 찔러 죽였다.

16-17 요압은 숫양 뿔나팔을 불어 군대의 이스라엘 추격을 중지시켰다. 그들은 압살롬의 주검을 들어다가 숲 속의 큰 구덩이에 던지고 그 위에 거대한 돌무더기를 쌓았다.

그동안 이스라엘 군대는 모두 도망하여 각자 집으로 돌아갔다.

18 압살롬은 살아 있을 때 자기를 위해 왕의 골짜기에 기둥을 하나 세우고 "내 이름을 이을 아들이 없다"고 말했다. 그는 그 기둥에 자신의 이름을 새겼다. 오늘까지도 그 기둥은 '압살롬 기념비'라고 불린다.

19-20 사독의 아들 아히마아스가 말했다. "제가 왕께 달려가

**하나님**께서 왕을 적들의 손에서 구하셨다는 이 기쁜 소식을 전하겠습니다." 그러나 요압이 말렸다. "오늘 기쁜 소식을 전할 사람은 네가 아니다. 다른 날은 어떨지 몰라도 오늘 이 소식은 '기쁜 소식'이 아니다." (왕의 아들이 죽었기 때문이다.)

²¹ 그러더니 요압은 한 구스 사람에게 명령했다. "네가 가서 본 것을 왕께 아뢰어라."

구스 사람이 "예, 장군님" 하고 달려갔다.

²² 사독의 아들 아히마아스가 끈질기게 요압에게 청했다. "무슨 문제가 있겠습니까? 저도 구스 사람을 따라가게 해주십시오."

요압이 말했다. "왜 이리도 달려가지 못해서 안달이냐? 이 일은 잘했다는 소리를 들을 일이 아니다."

²³ "괜찮습니다. 가게 해주십시오."

"좋다. 가거라." 요압이 말했다. 그래서 아히마아스는 아래 골짜기 길로 달려가 구스 사람을 앞질렀다.

²⁴⁻²⁵ 다윗은 두 문 사이에 앉아 있었다. 초병이 문 위의 성벽에 올라가 사방을 둘러보고 있는데, 달려오는 사람 하나가 보였다. 초병은 아래를 향해 왕에게 외쳤다. 왕이 말했다. "혼자라면 틀림없이 기쁜 소식이다!"

²⁵⁻²⁶ 달려오던 사람이 가까워질 즈음에 초병은 또 다른 사람이 달려오는 것을 보고 문 쪽에 대고 외쳤다. "또 다른 사람이 달려오고 있습니다."

그러자 왕이 말했다. "이것도 틀림없이 기쁜 소식이다."

²⁷ 그때 초병이 말했다. "첫 번째 사람을 보니, 뛰는 것이 사독의 아들 아히마아스 같습니다."

왕이 말했다. "그는 좋은 사람이다. 반드시 기쁜 소식을 가져올 것이다."

²⁸ 그때 아히마아스가 큰소리로 왕에게 말했다. "평안하시기를 빕니다!" 그는 얼굴을 땅에 대고 왕 앞에 엎드려 절했다. "왕의 하나님을 찬양합니다. 내 주인이신 왕께 반역한 자들을 그분께서 왕의 손에 넘겨주셨습니다."

²⁹ 왕이 물었다. "그런데 어린 압살롬은 괜찮으냐?"

아히마아스가 말했다. "요압이 저를 보낼 때 제가 큰 소동을 보았으나, 무슨 일인지는 모르겠습니다."

³⁰ 왕이 말했다. "비켜나 옆에 서 있거라." 그는 비켜났다.

³¹ 그때 구스 사람이 도착하여 말했다. "내 주인인 왕이시여, 기쁜 소식입니다! 오늘 하나님께서 왕에게 반역한 모든 자를 제압하고 왕에게 승리를 안겨 주셨습니다!"

³² 왕이 말했다. "그런데 어린 압살롬은 괜찮으냐?"

그러자 구스 사람이 대답했다. "내 주인이신 왕의 모든 원수와 왕을 대적하여 일어나는 모든 악한 자가 그 젊은이처럼 되기를 원합니다."

³³ 이 말을 듣고 충격을 받은 왕은 마음이 찢어질 듯 아파서, 문 위의 방으로 올라가 슬피 울었다. 그는 울면서 이렇게 부르짖었다.

내 아들 압살롬아, 내 사랑하는 아들 압살롬아!
차라리 너 대신 내가 죽을 것을, 어째서 너란 말이냐.
압살롬아, 내 사랑하는 아들아!

**다윗이 압살롬의 죽음을 슬퍼하다**

# 19

1-4 요압은 다윗이 압살롬 때문에 울며 슬퍼하고 있다는 말을 들었다. "왕께서 아들 때문에 슬퍼하고 계시다"는 말이 군사들 사이에 두루 퍼지면서 승리의 날이 애도의 날로 바뀌었다. 그날 군사들은 뿔뿔이 흩어져 성으로 돌아왔는데, 사기가 꺾이고 기가 죽어 있었다. 그런데도 왕은 얼굴을 두 손에 묻고 큰소리로 슬퍼했다.

내 아들 압살롬아,
압살롬, 내 사랑하는 아들아!

5-7 요압이 은밀히 왕을 나무랐다. "왕의 아들딸과 아내와 첩들의 목숨은 물론이요 왕의 목숨까지 구한 충성스런 신하들을 이렇게 맥 빠지게 하시다니, 정말 해도 너무하십니다. 왕을 미워하는 사람은 사랑하시고 왕을 사랑하는 사람은 미워하시니, 이게 어찌 된 일입니까? 지금 왕의 행동은 지휘관과 군사들이 왕께 아무 의미가 없다는 메시지를 전해 주고 있습니다. 압살롬이 살아 있고 우리가 다 죽었으면 기뻐셨겠습니까? 정신 차리십시오. 밖으로 나가 왕의 신하들에

게 용기를 북돋아 주십시오! 하나님께 맹세하는데, 왕께서
그들에게 가지 않으시면 그들이 왕을 떠나 버릴 것입니다.
해가 질 무렵에는 단 한 명의 군사도 이곳에 남아 있지 않을
것입니다. 그렇게 되면 지금까지와는 비교할 수 없는 최악
의 사태가 벌어지게 될 것입니다."

8 그러자 왕이 밖으로 나가 성문에 자리했다. 곧 모두가 알
아보고 말했다. "보아라! 왕이 우리를 보러 나오셨다." 그의
모든 군대가 나와 왕 앞에 모습을 보였다. 그러나 이스라엘
사람들은 이미 전쟁터에서 도망쳐 각자 집으로 돌아갔다.

9-10 한편, 이스라엘 백성이 지도자들에게 불평했다. "원수
들의 손에서 우리를 여러 번 구하고 블레셋 사람의 손에서
우리를 구한 분은 왕이 아니십니까? 그 왕이 지금 압살롬
때문에 이 나라를 떠나셨습니다. 그리고 우리가 왕으로 삼
았던 압살롬은 전쟁터에서 죽었습니다. 여러분은 무엇을
기다리고 있습니까? 어찌하여 왕을 다시 모셔 오지 않습니
까?"

11-13 다윗이 그 말을 듣고 두 제사장 사독과 아비아달에게
말을 전했다. "유다 장로들에게 이렇게 물으십시오. '여러
분은 어째서 왕을 궁으로 다시 모셔 오는 일을 주저합니까?
여러분은 내 형제들입니다! 내 혈육입니다! 그런데 어째서
왕을 궁으로 다시 모셔 오는 일을 맨 마지막에 하려고 합니
까?' 아마사에게도 이렇게 전하십시오. '그대도 내 혈육이
오. 하나님께서 내 증인이시거니와, 내가 그대를 요압을 대

신하여 군사령관으로 삼겠소.'"

14 다윗은 모든 유다 사람의 마음을 사로잡았다. 그들은 왕에게 사람을 보내어 한마음 한뜻으로 말했다. "왕과 왕의 모든 신하는 돌아오십시오."

15-18 그래서 왕은 돌아왔다. 그가 요단 강에 이르렀을 때, 유다 사람들이 왕을 환영하고 호위해서 요단 강을 건너기 위해 길갈에 와 있었다. 바후림 출신의 베냐민 사람 게라의 아들 시므이도 급히 내려와 유다 사람과 합세했고, 베냐민 사람 천 명과 함께 왕을 맞았다. 사울의 종 시바도 아들 열다섯 명과 종 스무 명을 데리고 요단 강을 건너와 왕을 맞았고, 왕과 함께한 측근들이 강을 건너는 일을 도와 힘닿는 대로 왕을 편히 모셨다.

18-20 게라의 아들 시므이는 요단 강을 건너자마자 왕 앞에 엎드려 절하고 경의를 표하며 말했다. "내 주인이시여, 저를 나쁘게 생각하지 마십시오! 제 주인이신 왕께서 예루살렘을 떠나시던 날 제가 무책임하게 벌인 일을 눈감아 주시고, 그 일로 저를 나쁘게 보지 말아 주십시오. 제가 지은 죄를 잘 압니다. 하지만 지금 저를 보십시오, 요셉의 모든 지파 중에서 가장 먼저 내려와 내 주인이신 왕을 다시 영접합니다!"

21 스루야의 아들 아비새가 끼어들었다. "더는 못 듣겠습니다! 우리가 이 자를 당장 죽여야 하지 않겠습니까? 이 자는 **하나님**의 기름부음 받은 왕을 저주한 자입니다!"

²² 그러나 다윗이 말했다. "너희 스루야의 아들들은 어찌하여 이토록 고집스럽게 싸우기를 좋아하느냐? 내가 다시 이스라엘의 왕이 되었으니, 오늘은 아무도 죽이지 않을 것이다!"

²³ 그리고 나서 왕은 시므이를 보며 "너는 죽지 않을 것이다" 하고 그에게 약속해 주었다.

²⁴⁻²⁵ 사울의 손자 므비보셋이 예루살렘에서 도착하여 왕을 맞았다. 왕이 떠나던 날부터 무사히 돌아온 날까지, 그는 머리도 빗지 않고 수염도 다듬지 않고 옷도 빨아 입지 않았다. 왕이 말했다. "므비보셋, 너는 어찌하여 나와 함께 가지 않았느냐?"

²⁶⁻²⁸ 그가 말했다. "내 주인인 왕이시여, 제 종이 저를 배반했습니다. 왕께서 아시는 것처럼, 저는 다리가 성치 못하므로 나귀를 타고 왕과 함께 가려고 종에게 나귀에 안장을 지우라고 했습니다. 그런데 그가 저에 대해서 왕께 거짓을 고했습니다. 내 주인이신 왕께서는 하나님의 천사와 같으셔서, 무엇이 옳은지 아시고 그 옳은 일을 행하시는 분입니다. 제 아버지 집 사람들은 모두 죽을 운명이 아니었습니까? 그런데 왕께서 저를 받아 주시고 왕의 식탁에서 먹게 해주셨습니다. 제가 그 이상 무엇을 더 바라거나 구할 수 있겠습니까?"

²⁹ 왕이 말했다. "됐다. 더 말하지 마라. 내 결정은 이러하다. 너는 시바와 재산을 나누어 가져라."

³⁰ 므비보셋이 말했다. "재산은 다 시바에게 주십시오! 다만

제가 걱정하는 것은 내 주인이신 왕께서 무사히 왕궁으로 돌아오시는 것뿐이었습니다!"

31-32 길르앗 사람 바르실래가 로글림에서 내려와, 왕과 함께 요단 강을 건너며 왕을 배웅했다. 바르실래는 나이가 여든 살로 매우 늙었다! 그는 큰 부자였으므로 왕이 마하나임에 있는 동안 왕에게 필요한 것들을 공급했다.

33 왕이 바르실래에게 말했다. "나와 함께 예루살렘으로 갑시다. 내 그대를 보살펴 드리리라."

34-37 그러나 바르실래는 그 제안을 사양했다. "제가 왕과 함께 예루살렘에 간다 한들 얼마나 더 살겠습니까? 제 나이가 여든이니 이제는 누구에게도 그다지 쓸모가 없습니다. 음식 맛도 모르고 풍악소리도 듣지 못합니다. 그런데 어쩌자고 내 주인이신 왕께 짐을 얹어 드리겠습니까? 저는 그저 왕과 함께 요단 강을 건너고 싶을 뿐입니다. 대단한 일은 아니지요. 저는 돌아가 제 고향에서 죽어 부모와 함께 묻힐 것입니다. 하지만 여기 제 종 김함이 있으니, 저 대신 그를 데려가 주십시오. 그를 잘 대해 주십시오!"

38 왕이 말했다. "알겠소. 김함이 나와 함께 갈 것이오. 그에게 잘 대해 주리다! 그 밖에도 그대가 생각하는 것이 있으면, 그것도 해드리겠소."

39-40 군대가 요단 강을 건넜으나 왕은 중간에 남았다. 왕은 바르실래에게 입을 맞추며 축복했고, 그는 집으로 돌아갔다. 그러고 나서 왕은 김함과 함께 길갈로 건너갔다.

40-41 유다의 온 군대와 이스라엘 군대의 절반이 왕과 함께 행진했다. 이스라엘 사람들이 왕에게 와서 말했다. "어찌하여 우리의 형제인 유다 사람들이 나서서 왕이 마치 자신들의 소유라도 되는 것처럼, 왕과 그 가족과 측근들을 호위하여 요단 강을 건넜습니까?"

42 유다 사람들이 반박했다. "왕이 우리의 친척이어서 그랬소! 그게 어쨌다고 소란을 피우는 것이오? 그 일로 우리가 특별대우를 받은 것이 있소? 당신들 보기에도 없지 않소?"

43 이스라엘 사람들이 되받았다. "당신들은 한 몫뿐이지만 우리는 왕에게 열 몫을 요구할 수 있소. 그뿐 아니라 우리가 맏아들이오. 그런데 어찌하여 우리가 조연을 맡아야 하는 것이오? 왕을 다시 모셔 오자는 것도 우리가 먼저 생각해 냈소."

그러나 유다 사람들의 태도가 이스라엘 사람들보다 더 강경했다.

# 20

1 그때에 베냐민 사람 비그리의 아들 세바라는 건달 하나가 숫양 뿔나팔을 불며 큰소리로 외쳤다.

우리는 다윗과 아무 상관이 없으며,
이새의 아들에게는 우리의 미래가 없다!
이스라엘아, 여기서 나가자. 각자 자기 장막으로 돌아가자!

2-3 그래서 이스라엘 사람들은 모두 다윗을 버리고 비그리의
아들 세바를 따라갔다. 그러나 유다 사람들은 요단 강에서
예루살렘에 이르기까지 왕의 곁에 남아서 충성을 다했다.
예루살렘 궁에 도착한 다윗 왕은, 왕궁을 지키도록 남겨 두
었던 후궁 열 명을 데려다 격리시키고 그들을 감시하게 했
다. 그들에게 필요한 것은 주었지만 그들을 찾아가지는 않
았다. 그들은 죽는 날까지 죄수처럼 갇혀서 평생을 생과부
로 지냈다.

4-10 왕이 아마사에게 명령했다. "나를 위해 사흘 안에 유다
사람들을 소집하고 그대도 함께 오시오." 아마사가 왕의 명
령을 수행하러 나갔으나, 복귀가 늦어졌다. 그래서 다윗은
아비새에게 말했다. "비그리의 아들 세바는 압살롬보다 더
큰 해를 우리에게 끼칠 것이오. 그가 우리의 손이 닿지 못하
는 요새 성읍으로 숨기 전에, 나의 부하들을 데리고 가서 그
를 추적하시오." 그래서 요압의 부하들과 그렛 사람과 블렛
사람 등 모든 정예군이 아비새의 지휘 아래 비그리의 아들
세바를 추적하러 예루살렘을 떠났다. 그들이 기브온 바위
근처에 이르렀을 때, 마침 아마사가 그들 쪽으로 다가왔다.
요압은 군복을 입고 칼이 든 칼집을 허리에 차고 있었는데,
칼이 빠져나와 땅에 떨어졌다. 요압은 아마사에게 "잘 있었
는가, 형제여?" 하고 인사한 뒤에, 그에게 입을 맞추려는 체
하며 오른손으로 아마사의 수염을 잡았다. 아마사는 요압의
다른 손에 칼이 있는 것을 보지 못했다. 요압이 아마사의 배

를 찌르자 창자가 땅에 쏟아졌다. 다시 찌를 필요도 없이 그가 죽었다. 그러고 나서 요압과 그의 동생 아비새는 계속해서 비그리의 아들 세바를 쫓아갔다.

11-14 요압의 군사 가운데 하나가 아마사의 주검 위에 버티고 서서 외쳤다. "누구든지 요압의 편에서 다윗을 지지하는 자는 요압을 따르라!" 하고 소리를 질렀다. 아마사가 피가 흥건히 고인 채 길 한복판에 누워 있었으므로, 요압은 군대가 걸음을 멈추고 쳐다보지 못하도록 아마사의 주검을 밭으로 치워 놓고 담요로 덮었다. 그가 길에서 시체를 치우자마자, 군사들은 다시 요압을 따라 비그리의 아들 세바를 추적했다. 세바는 이스라엘의 모든 지파를 두루 다니다가 아벨벳마아가까지 갔다. 비그리 집안 사람들이 모두 모여 그를 따라 성으로 들어갔다.

15 요압의 군대가 도착하여 아벨벳마아가에서 세바를 포위했다. 그들은 성을 마주보고 공격용 보루를 쌓았다. 성벽을 무너뜨릴 작정이었다.

16-17 그러나 한 영리한 여인이 성에서 큰소리로 외쳤다. "모두들 들어 보십시오! 내가 할 말이 있으니, 요압 장군께 이리 가까이 오시라고 전해 주십시오." 요압이 다가오자 여인이 말했다. "요압 장군이십니까?"

그가 말했다. "그렇소."

여인이 말했다. "그렇다면 내 말을 잘 들어 보십시오."

그가 말했다. "듣고 있소."

18-19 "이 지방의 옛말에 답을 원하거든 아벨로 가서 해결하라고 했습니다. 이곳에 사는 우리는 평화롭고 믿을 수 있는 사람들입니다. 그런데 장군께서 와서 이스라엘의 어머니 같은 성읍을 허물려고 하십니다. 어찌하여 **하나님**께서 주신 유산을 망치려 하십니까?"

20-21 요압이 항변했다. "정말로 나를 완전히 오해하고 있소. 나는 누구를 해치거나 무엇을 부수려고 여기 온 것이 아니오! 에브라임 산지 출신의 한 사람, 비그리의 아들 세바라는 사람이 다윗 왕에게 반란을 일으켰소. 그 사람만 넘겨주면 우리는 이곳을 떠나겠소."

여인이 요압에게 말했다. "좋습니다. 성벽에서 그의 머리를 장군께 던지겠습니다."

22 여인이 성 안의 사람들에게 자신의 전략을 설명하자 사람들은 그 말대로 했다. 그들은 비그리의 아들 세바의 목을 베어 요압에게 던졌다. 요압이 숫양 뿔나팔을 부니 군사들이 모두 집으로 돌아갔다. 요압은 왕이 있는 예루살렘으로 돌아갔다.

23-26 요압은 다시 이스라엘 온 군대의 사령관이 되었다. 여호야다의 아들 브나야는 그렛 사람과 블렛 사람을 관할했고, 아도니람은 노역자들을 감독했다. 아힐룻의 아들 여호사밧은 기록관, 스와는 서기관, 사독과 아비아달은 제사장, 야일 사람 이라는 다윗의 제사장이 되었다.

### 기근과 전쟁

# 21

¹ 다윗의 시대에 기근이 들었다. 기근은 해를 거듭하며 삼 년이나 이어졌다. 다윗이 **하나님**께 나아가 그 원인을 여쭈었다.

**하나님**께서 말씀하셨다. "사울이 기브온 사람을 함부로 죽이던 때부터 사울과 그의 집안이 손에 묻힌 피 때문이다."

² 그래서 왕은 기브온 사람을 불러 모아 물었다. (기브온 사람은 본래 이스라엘 자손이 아니라 아모리 사람 가운데 살아남은 자들로서, 이스라엘과 맺은 조약에 따라 보호를 받고 있었다. 그런데 이스라엘과 유다의 명예에 광적으로 집착하던 사울이 그들을 모두 죽여 없애려고 했다.)

³ 다윗이 기브온 사람에게 말했다. "내가 당신들에게 무엇을 해주면 좋겠소? 내가 무엇으로 보상해야 당신들이 **하나님**께서 유산으로 주신 이 땅과 백성을 축복할 수 있겠소?"

⁴ 기브온 사람이 대답했다. "우리는 사울과 그 집안의 돈을 바라지 않습니다. 이스라엘 사람 아무나 죽이는 것도 우리가 원하는 바가 아닙니다."

그러나 다윗은 집요하게 물었다. "내가 당신들에게 해주어야 할 일이 무엇이란 말이오?"

⁵⁻⁶ 그러자 그들이 왕에게 말했다. "우리를 없애려 했고 이스라엘에서 아예 씨를 말리려 했던 사람이 있었습니다. 그 사람의 자손 가운데 남자 일곱 명을 우리에게 넘겨주시면, 우리가 그들을 **하나님** 앞에서 처형하되, 사울이 살던 기브아,

곧 거룩한 산에서 그들의 목을 매어 달겠습니다."

그러자 다윗이 동의했다. "내가 그들을 당신들에게 넘겨주겠소."

7-9 왕은 **하나님** 앞에서 요나단과 했던 약속 때문에 사울의 손자요 요나단의 아들인 므비보셋은 살려 두었다. 대신에 아야의 딸 리스바가 낳은 사울의 두 아들인 알모니와 므비보셋, 사울의 딸 메랍이 므홀랏 사람 바르실래의 아들인 아드리엘과의 사이에서 낳은 다섯 아들을 뽑았다. 왕이 그들을 기브온 사람에게 넘겨주자 기브온 사람이 그들을 산 위 하나님 앞에서 목을 매어 다니, 일곱이 모두 함께 죽었다. 그들이 처형된 때는 추수가 막 시작될 무렵, 보리 수확에 들어갈 때였다.

10 아야의 딸 리스바는 굵은 베를 가져다가 자신을 위해 바위 위에 펼쳐 놓고, 추수가 시작될 때부터 호우가 쏟아질 때까지 낮에는 주검에 새가 앉지 못하게 하고 밤에는 들짐승이 범하지 못하게 했다.

11-14 다윗은 아야의 딸이요 사울의 첩인 리스바가 한 이 일을 전해 듣고, 야베스 길르앗 지도자들에게 가서 사울과 그의 아들 요나단의 유해를 찾아왔다(전에 블레셋 사람이 길보아에서 사울과 요나단을 죽인 뒤에 벳산 성읍 광장에 매달았는데, 야베스 길르앗 지도자들이 거기서 그들의 주검을 거두어 왔다). 다윗은 두 사람의 유해를 가져와 얼마 전 사람들이 목매어 달아 죽인 일곱 사람의 주검과 함께 두었다. 그리고 그

주검들을 베냐민 땅으로 다시 옮겨 사울의 아버지 기스의 묘지에 잘 묻어 주었다.

백성은 왕의 명령대로 다 행했다. 이로써 문제가 해결되어, 그때부터 하나님께서 그 땅을 위한 이스라엘의 기도에 응답하셨다.

15-17 블레셋 사람과 이스라엘 사이에 다시 전쟁이 벌어지자, 다윗과 그의 부하들이 내려가 싸웠다. 다윗은 몹시 지쳐 있었다. 라파 자손의 용사 이스비브놉이 무게가 4킬로그램에 가까운 창을 들고 새 갑옷을 입고 나와 자기가 다윗을 죽이겠다고 큰소리쳤다. 그러자 스루야의 아들 아비새가 가서, 다윗을 구하고 그 블레셋 사람을 쳐죽였다.

다윗의 부하들은 그에게 맹세하며 말했다. "왕께서는 더 이상 전선에 나오지 마십시오! 이스라엘의 등불이 꺼져서는 안됩니다!"

18 그 후에 곱에서 다시 블레셋 사람과 작은 충돌이 있었다. 그때 후사 사람 십브개가 삽을 죽였는데, 삽도 라파 자손의 또 다른 용사였다.

19 곱에서 블레셋 사람과 또다시 전투할 때, 베들레헴의 베짜는 사람인 야르의 아들 엘하난이 가드 사람 골리앗을 죽였는데, 골리앗의 창은 깃대만큼이나 컸다.

20-21 또 가드에서 싸움이 벌어졌을 때는 손가락과 발가락이 여섯 개씩 모두 스물네 개인 거인이 나왔다! 그도 라파 자손

이었다. 그가 이스라엘을 모욕하자, 다윗의 형 시므아의 아
들 요나단이 그를 죽였다.
²² 이 네 사람은 가드 출신의 라파 자손으로, 모두 다윗과 그
의 군사들에게 목숨을 잃었다.

**다윗의 승전가**

# 22 ¹ 하나님께서 다윗을 모든 원수와 사울에게서 구해 주셨을 때에, 다윗은 이 노랫말로 하나님께 기도했다.

2-3 **하나님**은 내가 발 디딜 반석
내가 거하는 성채,
나를 구해 주시는 기사.
나, 높은 바위산 내 하나님께
죽기 살기로 달려가
그 병풍바위 뒤에 숨고
그 든든한 바위 속에 몸을 감춘다.
내 산꼭대기 피난처이신 그분께서
나를 무자비한 자들의 손에서 구해 주신다.

⁴ 존귀한 찬송을 **하나님**께 부르며
나, 안전과 구원을 누린다.

5-6 죽음의 물결이 밀어닥치고
마귀의 물살이 나를 덮쳤다.
지옥 끈에 꽁꽁 묶이고
죽음의 덫에 갇혀 출구가 모조리 막혔다.

7 이리도 험악한 세상! 나는 **하나님**께 외쳤다.
나의 하나님을 소리쳐 불렀다.
그랬더니 하나님께서 그분의 왕궁에서 들으셨다.
내 부르짖음을 들으시고 나를 당신 앞에 불러 주셨다.
나를 독대해 주셨다!

8-16 땅이 진동하고 요동치며
하늘이 나뭇잎처럼 흔들렸다.
사시나무 떨듯 떨었다.
그분께서 격노하셨기 때문이다.
코로 씩씩 연기를 내뿜으시고
입으로 불을 내뿜으셨다.
불 혀들이 널름거렸다.
하늘을 말아 내리고
땅을 밟으시니
땅 밑으로 심연이 패였다.
날개 돋친 생물을 타고,
바람날개를 타고 날아오르셨다.

먹구름을
외투로 두르셨다.
그러나 혜성처럼 거대한 불빛이 나타났다.
구름을 비집고 나오는 그분의 광채였다.
**하나님**께서 하늘에서 천둥소리를 내셨다.
높으신 하나님께서 고함을 지르셨다.
하나님께서 활을 쏘셨다. 일대 아수라장이 되었다!
번개를 내리꽂으셨다. 다들 혼비백산 달아났다!
**하나님**께서 노호하시며
폭풍 분노를 터뜨리시자,
대양의 숨은 원천이 드러나고
대지의 심부가 훤히 드러났다.

17-20 그러나 그분께서 나를 붙잡아 주셨다.
하늘에서 바다까지 손을 뻗어 끌어올려 주셨다.
그 증오의 바다에서, 원수가 일으킨 혼돈으로부터,
내가 빠져든 그 공허로부터.
쓰러진 나를 그들이 걷어찼지만,
**하나님**께서 내 곁을 지켜 주셨다.
그분께서 나를 탁 트인 들판에 세워 주셨다.
나, 구원받아 거기 섰다. 놀라운 사랑이여!

21-25 조각난 내 삶을 다 맡겨 드렸더니,

하나님께서 온전하게 만들어 주셨다.
내 행위를 깨끗이 하자,
새 출발을 허락해 주셨다.
진정, 나는 하나님의 도(道)에 늘 정신을 바짝 차렸고,
하나님을 예사롭게 여기지 않았다.
매일 나는 그분이 일하시는 방식을 유심히 살피며
하나도 놓치지 않으려 애쓴다.
다시 시작하는 마음으로
한 걸음 한 걸음 신중히 내딛는다.
내 마음을 열어 보여드리니
하나님께서 내 인생 이야기를 다시 써 주셨다.

26-28 주께서는 주를 붙드는 이들을 붙드시며,
주께 진실한 이들을 진실히 대하십니다.
주께서는 선한 이들을 선대하시며,
악한 이들은 짓궂게 괴롭히십니다.
주께서는 밟히는 이들의 편을 들어주시며,
콧대 높은 이들의 콧대를 꺾어 버리십니다.

29-31 하나님, 길에 돌연 주의 빛이 차오릅니다.
하나님께서 어둠을 몰아내 주십니다.
나, 날강도 떼를 박살내고
높디높은 담장도 뛰어넘습니다.

하나님은 얼마나 놀라우신가! 그분의 길은
쭉 뻗은 평탄대로.
**하나님**께서 가라 하시는 길은 모두 검증된 길.
그분은 누구든 달아나
몸을 숨길 수 있는 은신처.


32-46 **하나님** 같은 신이 있느냐?
우리의 반석이신 그분 같은 신이?
내 손에 무기를 쥐어 주시고
똑바로 겨누게 하시는 하나님 같은 신이?
나, 사슴처럼 뛰며,
산 정상에 올랐다.
그분이 내게 싸우는 법을 가르쳐 주셨다.
나, 청동활도 당길 수 있다!
주께서 내게 구원을 갑옷처럼 입혀 주십니다.
주께서 내 어깨를 두드려 주시자, 나는 거인이 된 듯한 기분입니다.
주께서 내가 선 땅을 든든하게 하시니,
내가 확고히 서서 흔들리지 않습니다.
내가 원수들을 뒤쫓아가, 그들을 붙잡았습니다.
그들이 기진하기까지 절대 놓지 않았습니다.
그들에게 강타를 먹이고, 그들을 아주 쓰러뜨렸습니다.
그런 다음 그들을 깔아뭉겠습니다.

주께서 나를 무장시켜 이 싸움을 하게 하셨습니다.
주께서 그 거만한 자들을 박살내셨습니다.
나의 원수들, 주님 앞에서 꽁무니를 빼고
나를 증오하던 그들, 내가 쓸어버렸습니다.
그들이 "형님!" 하고 외쳐 댔지만,
그들의 형님은 코빼기도 비치지 않았습니다.
하나님께도 소리를 질러 댔지만,
아무 대답도 듣지 못했습니다.
내가 그들을 가루로 만들어 바람에 날려 보냈습니다.
도랑에 오물 버리듯 그들을 내던졌습니다.
주께서 티격태격하는 백성에게서 나를 구하시고
뭇 민족의 지도자로 세워 주셨습니다.
내가 들어 보지도 못한 민족이 나를 섬겼습니다.
내 소문을 듣자마자 그들이 내게 항복해 왔습니다.
은신처에서 두 손 들고 떨며 나왔습니다.

47-51 **하나님, 만세! 나의 반석,**
나의 큰 구원이신 하나님께 찬양을!
그분께서 나를 위해 모든 일을 바로잡으시고
말대꾸하는 자들의 말문을 막아 버리셨다.
원수의 분노에서 나를 구해 주셨다.
주께서 나를 거만한 자들의 손아귀에서 빼내 주시고
깡패들에게서 구해 주셨다.

그러므로 내가 세상 뭇 백성이 보는 앞에서
주 **하나님**께 감사를 드립니다.
주님의 이름에 운을 달아
노래를 부릅니다.
하나님이 세우신 왕이 승리를 얻고
하나님이 택하신 이가 사랑을 받음이여,
다윗과 그 자손에게, 영원토록.
언제까지나.

# 23

¹ 이것은 다윗이 남긴 마지막 말이다.

이새의 아들의 소리다.
하나님께서 정상에 올리신 자,
야곱의 하나님께서 왕으로 세우신 자,
이스라엘에서 가장 이름난 노래꾼의 소리다!

2-7 **하나님**의 영이 나를 통해 말씀하셨다.
그분의 말씀이 내 혀를 움직여 나타나셨다.
이스라엘의 하나님이신 분께서 내게 말씀하셨다.
이스라엘의 반석이요 산이신 분께서 말씀하셨다.
"선정을 베풀며
하나님을 경외하는 통치자는

구름 한 점 없는 새벽하늘

서광 같고,

맑은 빗물 머금고 반짝이는

푸른 들판 같다."

나의 통치가 그러했다.

하나님께서 나와 굳은 언약을 맺으시고

분명히 설명해 주셨으며,

약속하신 말씀을 다 지켜 주셨기 때문이다.

나를 온전히 구원해 주시고,

내 소원을 남김없이 이루어 주셨다.

그러나 마귀의 심복들은

뽑힌 가시 더미 같다.

손대지 말고,

갈퀴나 괭이로 저만치 치워라.

그것들, 불에 타 장관을 이루리라!

❋

8 다윗이 거느린 용사들의 이름은 이러하다.

다그몬 사람 요셉밧세벳은 세 용사의 우두머리였다. 그는 창
만 가지고 팔백 명과 맞붙어 하루 만에 그들을 모두 죽였다.

9-10 아호아 사람 도도의 아들 엘르아살은 세 용사 가운데 두
번째였다. 그가 다윗과 함께 있을 때, 블레셋 사람이 바스담
밈에서 그들을 조롱했다. 블레셋 사람이 전투태세를 갖추

자, 이스라엘은 후퇴했다. 그러나 엘르아살은 버티고 서서 지칠 줄 모르고 블레셋 사람을 닥치는 대로 죽였다. 그는 절대로 칼을 놓지 않았다! 그날 **하나님**께서 큰 승리를 주셨다. 그 후에 군대가 다시 엘르아살에게 돌아왔으나 남은 일이라고는 뒤처리하는 것뿐이었다.

11-12 하랄 사람 아게의 아들 삼마는 세 용사 가운데 셋째였다. 블레셋 사람이 싸우려고 레히에 모였는데, 그곳에 팥을 가득 심은 밭이 있었다. 이스라엘이 블레셋 사람 앞에서 도망쳤으나, 삼마는 밭 한가운데 버티고 서서 블레셋 사람을 막아 냈고, 그들과 싸워 크게 이겼다. **하나님**께서 또 한 번 큰 승리를 주셨다!

13-17 하루는 추수철에 이 세 용사가 삼십 인과 헤어져 아둘람 굴에 있는 다윗에게 합류했다. 블레셋 사람 한 무리가 이미 르바임 골짜기에 진을 치고 있었다. 다윗이 굴 속에 숨어 있는 동안 블레셋 사람은 베들레헴에 본부를 두고 있었다. 다윗이 갑자기 "베들레헴 성문 곁에 있는 우물물이 몹시 마시고 싶구나!" 하고 말했다. 그러자 세 용사가 블레셋 전선을 뚫고 들어가, 베들레헴 성문 곁에 있는 우물물을 길어서 다윗에게 가져왔다. 그러나 다윗은 그 물을 마시지 않고 **하나님**께 부어 드리며 말했다. "**하나님**, 저는 이 물을 마실 수 없습니다! 이것은 그저 물이 아니라 저들의 생명의 피입니다. 저들이 목숨을 걸고 가져온 것입니다!" 그는 끝내 물을 마시지 않았다.

세 용사가 바로 이러한 일을 했다.

18-19 스루야의 아들이요 요압의 동생인 아비새는 삼십 인의 우두머리였다. 그는 창으로 삼백 명을 죽인 공을 인정받았지만, 세 용사와 같은 수준에 들지는 못했다. 그는 삼십 인 가운데서 가장 훌륭했고 그들의 우두머리였지만, 세 용사만큼은 못했다.

20-21 갑스엘 출신 여호야다의 아들 브나야는 많은 공적을 세운 기운 센 사람이었다. 그가 모압에서 새끼 사자 두 마리를 죽였고, 눈 오는 날 구덩이에 내려가 사자를 죽였다. 또 그는 실력이 대단한 이집트 사람을 죽였다. 브나야는 창으로 무장한 그 이집트 사람과 막대기 하나로 맞붙었는데, 그 사람의 손에서 창을 빼앗아 그 창으로 그를 죽였다.

22-23 여호야다의 아들 브나야는 이런 일들로 유명했으나, 그 또한 세 용사와 어깨를 나란히 하지는 못했다. 삼십 인 사이에서 크게 존경을 받았지만, 세 용사만큼은 못했다. 다윗은 그에게 자신의 경호 책임을 맡겼다.

**삼십 인**

24-39 '삼십 인'은 이러하다.

요압의 동생 아사헬
베들레헴 사람 도도의 아들 엘하난

하롯 사람 삼마

하롯 사람 엘리가

발디 사람 헬레스

드고아 사람 익게스의 아들 이라

아나돗 사람 아비에셀

후사 사람 십브개

아호아 사람 살몬

느도바 사람 마하래

느도바 사람 바아나의 아들 헬렙

베냐민 자손으로 기브아 사람 리배의 아들 잇대

비라돈 사람 브나야

가아스 황무지 출신 힛대

아르바 사람 아비알본

바르훔 사람 아스마웻

사알본 사람 엘리아바

기손 사람 야센

하랄 사람 삼마의 아들 요나단

우르 사람 사랄의 아들 아히암

마아가 사람 아하스배의 아들 엘리벨렛

길로 사람 아히도벨의 아들 엘리암

갈멜 사람 헤스래

아랍 사람 바아래

하그리 사람의 군사령관 나단의 아들 이갈

암몬 사람 셀렉

스루야의 아들 요압의 무기를 드는 자 브에롯 사람 나하래

이델 사람 이라

이델 사람 가렙

헷 사람 우리아.

이렇게 모두 서른일곱 명이다.

### 다윗의 인구조사

**24** ¹⁻² 다시 이스라엘을 향해 **하나님**의 진노가 불타 올랐다. 그분은 "가서 이스라엘과 유다의 인구를 조사하여라"는 말씀으로 다윗을 시험하셨다. 그래서 다윗은 요압과 자기 밑의 군지휘관들에게 명령을 내렸다. "단에서 브엘세바까지 이스라엘의 모든 지파를 두루 다니며 인구를 조사하시오. 내가 그 수를 알고 싶소."

³ 그러나 요압이 왕을 만류했다. "왕의 **하나님**께서 내 주인이신 왕의 눈앞에서 백성이 백 배나 늘어나게 하시기를 빕니다. 그런데 왕께서는 도대체 왜 이 일을 하시려는 것입니까?"

⁴⁻⁹ 그러나 왕이 고집을 꺾지 않았으므로, 요압과 군지휘관들은 이스라엘의 인구를 조사하기 위해 왕 앞에서 물러났다. 그들은 요단 강을 건너 야셀 근처 갓 지파의 계곡에 있는 성읍과 아로엘에서 시작하여, 길르앗을 거쳐 헤르몬을

지나 단까지 갔다가 시돈으로 돌아섰다. 그리고 두로 요새와 히위 사람과 가나안 사람의 성읍들을 지나 브엘세바의 유다 네겝에 이르렀다. 그들은 온 땅을 두루 다니다가 아홉 달 이십 일 만에 예루살렘으로 다시 돌아왔다. 요압이 왕에게 내놓은 인구조사 결과는 건장한 군사가 이스라엘에 800,000명, 유다에 500,000명이었다.

¹⁰ 그러나 인구조사를 마친 뒤에, 다윗은 죄책감에 사로잡혔다. 그가 하나님을 신뢰하는 대신에 백성의 수를 의지했기 때문이다. 그래서 다윗은 **하나님**께 기도했다. "이 일로 제가 큰 죄를 지었습니다. 그러나 **하나님**, 제가 지은 죄를 용서해 주십시오. 제가 참으로 어리석었습니다."

¹¹⁻¹² 다윗이 이튿날 아침에 일어났을 때, 다윗의 영적 조언자인 예언자 갓에게 이미 **하나님**의 말씀이 임했다. "가서 다윗에게 이 메시지를 전하여라. '나 **하나님**이 말한다. 내가 너에게 할 수 있는 일이 세 가지 있다. 세 가지 가운데 하나를 택하여라. 그러면 내가 그대로 행할 것이다.'"

¹³ 갓이 가서 메시지를 전했다. "이 땅에 삼 년 동안 기근이 드는 것이 좋겠습니까? 아니면, 왕이 원수들에게 쫓겨 석 달 동안 도망 다니시는 것이 좋겠습니까? 아니면, 나라에 사흘 동안 전염병이 도는 것이 좋겠습니까? 생각해 보시고 마음을 정하십시오. 저를 보내신 분께 어떻게 아뢰면 되겠습니까?"

¹⁴ 다윗이 갓에게 말했다. "모두 끔찍한 일입니다! 하지만

사람의 손에 넘겨지기보다는 차라리 자비가 많으신 **하나님**께 벌을 받겠습니다."

15-16 그래서 **하나님**께서 아침부터 저녁까지 전염병을 풀어 놓으셨다. 단에서 브엘세바까지 칠만 명이 죽었다. 그러나 천사가 예루살렘 위로 손을 뻗어 그곳을 멸망시키려 할 때, **하나님**께서 그 재앙의 고통을 아시고 사람들 사이로 죽음을 퍼뜨리는 천사에게 말씀하셨다. "이제 됐다! 그만 물러나거라!"

그때 **하나님**의 천사는 여부스 사람 아라우나의 타작마당에 이르러 있었다. 다윗이 눈을 들어 보니, 천사가 땅과 하늘 사이를 돌며 칼을 뽑아 들고 예루살렘을 치려고 했다. 다윗과 장로들이 엎드려 기도하며 굵은 베로 몸을 덮었다. 17 천사가 백성을 멸하려는 것을 보고, 다윗이 기도했다. "죄를 지은 것은 저입니다! 목자인 제가 죄인입니다. 이 양들이 무슨 잘못이 있습니까? 그들이 아니라, 저와 제 집안을 벌해 주십시오."

18-19 그날 갓이 다윗에게 와서 말했다. "여부스 사람 아라우나의 타작마당으로 가서 제단을 쌓으십시오." 다윗은 갓이 전해 준 대로, **하나님**께서 명령하신 것을 행했다.

20-21 아라우나가 눈을 들어 보니, 다윗과 그의 부하들이 자기 쪽으로 오고 있었다. 그는 그들을 맞이하고 왕에게 예를 갖추어 엎드려 절하며 말했다. "내 주인이신 왕께서 무슨 일로 저를 보러 오셨습니까?"

다윗이 말했다. "그대의 타작마당을 사서 이곳에 **하나님**께 제단을 쌓고, 이 재앙을 끝내려고 하오."

²²⁻²³ 아라우나가 말했다. "내 주인이신 왕께서 원하시는 대로 무엇이든 가져다가 희생 제물로 바치십시오. 보십시오. 여기 번제에 쓸 소와 땔감으로 쓸 타작기구와 소의 멍에가 있습니다. 제가 이 모든 것을 왕께 드립니다! 하나님 왕의 하나님께서 왕을 위해 일하시기를 빕니다."

²⁴⁻²⁵ 그러나 왕이 아라우나에게 말했다. "아니오. 내가 제값을 치르고 사겠소. **하나님** 내 하나님께 희생 없는 제사를 드릴 수 없소."

그래서 다윗은 은 오십 세겔을 주고 타작마당과 소를 샀다. 그는 그곳에서 **하나님**께 제단을 쌓고 번제와 화목제를 드렸다. **하나님**께서 그 기도에 마음이 움직이셨고, 그로써 재앙이 그쳤다.